For Alexis and Eric,

Médée protéiforme

With heartfelt thanks for the support and friendship you have extended to the CLC and to me personally.

par Marie Carrière

[signature]

Les Presses de l'Université d'Ottawa
2012

Les Presses de l'Université d'Ottawa (PUO) sont fières d'être la plus ancienne maison d'édition universitaire francophone au Canada et le seul éditeur universitaire bilingue en Amérique du Nord. Fidèles à leur mandat original, qui vise à «enrichir la vie intellectuelle et culturelle», les PUO s'efforcent de produire des livres de qualité pour le lecteur érudit. Les PUO publient des ouvrages en français et en anglais dans le domaine des arts et lettres et des sciences sociales.

Les PUO reconnaissent avec gratitude l'appui accordé à leur programme d'édition par le ministère du Patrimoine canadien, par l'intermédiaire du Fonds du livre du Canada, et par le Conseil des Arts du Canada. Elles tiennent également à reconnaître le soutien de la Fédération des sciences humaines du Canada à l'aide du Prix d'auteurs pour l'édition savante, ainsi que du Conseil de recherches en sciences humaines et de l'Université d'Ottawa.

Révision linguistique : Élise St-Hilaire
Correction d'épreuves : Amélie Cusson
Mise en page : Atelier typo Jane
Maquette de la couverture : 1-20 Média

Illustration : *Medea in Mosaic* par Lana Rogers

Catalogage avant publication de Bibliothèque et Archives Canada

Carrière, Marie J., 1971-
      Médée protéiforme / par Marie Carrière.

Comprend des réf. bibliogr. et un index.
Publ. aussi en formats électroniques.
ISBN 978-2-7603-0786-5

      1. Médée (Mythologie grecque) dans la littérature. 2. Écrits de femmes--Histoire et critique. I. Titre.

PN57.M37C37 2012   809'.93351   C2012-904222-6

Dépôt légal :
Bibliothèque et Archives Canada
Bibliothèque et Archives nationales du Québec
© Les Presses de l'Université d'Ottawa, 2012

The thing I came for:
the wreck and not the story of the wreck
the thing itself and not the myth

(*Diving into the Wreck,* Adrienne Rich)

Table des matières

Remerciements ──────────

M ON ENTOURAGE professionnel et personnel a rendu possibles l'élaboration et l'achèvement de ce travail. Pour leur soutien financier du programme de recherche qui a donné lieu à ce livre, je remercie le Conseil de recherches en sciences humaines du Canada, le Prix d'auteurs à l'édition savante ainsi que la Faculté des arts de l'Université de l'Alberta. Méritent maints remerciements l'équipe des Presses de l'Université d'Ottawa ainsi que Heidi Butler, Devorah Kobluk, Andrée Mélissa Ferron et Adrien Guyot pour leur assistance à la recherche. Merci à Jill Scott pour ses réactions à la lecture du manuscrit original, à Maïté Snauwaert et à Catherine Khordoc pour leur amitié solidaire, à Marie Godbout pour son encouragement immuable et à Sophie, Caroline et Geoff Rabbie pour leur tendresse au quotidien.

Des versions abrégées des analyses des œuvres de Marie Cardinal, Monique Bosco et Marie-Célie Agnant paraissent dans *Atlantis* 35.1 (automne 2010). Une version antérieure de la section sur Marie-Célie Agnant paraît dans *(Se) Raconter des histoires : histoire et histoires dans les littératures francophones du Canada*[1]. En 2006, des recherches préliminaires sur le mythe de Médée ont été présentées au Groupe de recherche « Le soi et

---

1. *(Se) Raconter des histoires : histoire et histoires dans les littératures francophones du Canada,* Lucie Hotte (dir.), Ottawa, Prise de parole, 2010.

l'autre » à Fredericton, lors du colloque « Medea: Mutations and Permutations of a Myth » tenu par les Universités de Bristol et de Nottingham, ainsi qu'au Centre de recherche sur l'espace francophone (CREF) à Fredericton. D'autres colloques ont aussi permis la diffusion de résultats : ceux de l'APLAQA (Association des professeurs de littératures québécoise et acadienne de l'Atlantique) en 2007 à Ottawa, de l'Association des professeur.e.s de français des universités et collèges canadiens (APFUCC) en 2008 à Halifax, du Northeast Modern Language Association (NEMLA) en 2010 à Montréal et du Centre for the Study of Contemporary Women's Writing en 2010 à Londres.

Pour mes filles.

🙲🙲🙲🙲🙲🙲🙲🙲🙲🙲

L'émergence d'un mythe

M ÉDÉE, c'est l'histoire d'une femme qui trahit sa famille et son pays. C'est l'histoire d'une magicienne et d'une exilée. C'est l'histoire d'une mère infanticide.

Endeuillée, sacrale, extrêmement violente, Médée compte parmi les plus abominables personnages de la mythologie grecque, coupable, entre autres, de fratricide et d'infanticide. Ayant assuré la gloire de Jason et des Argonautes à la poursuite de la Toison d'or qu'elle dérobe à sa Colchide natale, Médée devient migrante et étrangère parmi les Grecs, mais elle est par la suite abandonnée par Jason qui désire se remarier avec la fille du roi Créon[2]. Ce dernier bannit Médée et ses enfants, qui – désormais *apolis* et sans abri, victimes certaines de la rancœur des Corinthiens dont le roi et sa fille ont été empoisonnés par Médée – font face à un exil à la fois intolérable et funeste. Médée assure donc elle-même la tâche infâme de leur donner la mort :

> Puisqu'à tout prix il faut qu'ils meurent,
> c'est moi qui vais les tuer, moi qui leur ai donné la vie
> (Euripide 1063-64)[3].

2. Cet état et royaume de l'ancienne géographie correspond aujourd'hui à la Géorgie, au nord-est de la Turquie et à la côte Est de la mer Noire.
3. Pour ce qui concerne les citations tirées de la tragédie d'Euripide, les nombres entre parenthèses renvoient aux vers (et non à la pagination, comme dans les parenthèses référentielles pour tous les autres textes cités.)

Réaction certes extrême au mépris et à l'exclusion que manifeste à son égard la société corinthienne, telle que la dépeint le dramaturge Euripide au Vᵉ siècle athénien – ni le premier ni le dernier à adapter l'ancienne légende.

Mauvaise mère par excellence, «barbare» d'origine, furieusement dissidente, sorcière, guérisseuse, Médée a fait bonne et surtout mauvaise figure à travers les siècles, ayant mis en évidence la violence et le sacrifice des innocents commis (par elle ou par d'autres) dans le sillage de l'oppression. Dans la littérature féminine actuelle, les récits d'infanticide ne se veulent ni rares ni uniformes. Depuis les quatre dernières décennies, le mythe antique grec de l'infanticide Médée s'avère précisément un intertexte – avoué ouvertement ou évoqué en filigrane –, dans des œuvres d'auteures de divers horizons culturels et géographiques, dont la France, l'Italie, le Canada, les États-Unis, l'Allemagne, le Québec et l'Afrique. On aura même parlé d'une «Medea Renaissance» dans la littérature contemporaine (Stephan 131), que l'on pourrait appliquer notamment à celle des femmes. Dans cette littérature, c'est à l'instar de la version euripidienne que les questions de maternité, de couple et d'infanticide rejoignent celles de l'exil et des rapports de force reliés à la race, au sexe et au rang social. Ces rapports se déploient dans l'intrigue des œuvres au féminin, leurs procédés d'écriture et de réécriture et les modalités d'une Médée foncièrement protéiforme dans ses divers contextes culturels et contemporains.

Traditionnellement, Médée est une figure antithétique étant donné l'envie et la frayeur qu'elle suscite. En tant que sujet ontologique, elle se présente comme une figure d'autant plus antinomique dans ses rapports oscillatoires avec son propre mythe. Elle est certainement pertinente aux représentations courantes et souvent contradictoires de la femme foisonnant dans les médias et la vie publique actuelle et dans les nouvelles perspectives littéraires cernées par cette étude. Nous prenons pour objet l'émergence contemporaine et transculturelle de la figure médéenne dans ses divers états culturels, sociaux et politiques – étalés dans *La Médée d'Euripide* de Marie Cardinal, *No More Medea* de Deborah Porter, *La Medea* de Franca Rame et Dario Fo, *The Hungry Woman: A Mexican Medea* de Cherríe Moraga, *New Medea* de Monique Bosco, *Médée : voix* de Christa Wolf, *Petroleum* de Bessora et *Le livre d'Emma* de Marie-Célie Agnant. À la lumière d'un corpus féminin comprenant dramaturgie et fiction ainsi que traduction et historiographie littéraires, nous verrons surgir de nombreux effleurements mythiques, notamment par rapport à la Médée de la tragédie grecque d'Euripide, effectivement l'intertexte premier – révéré ou contesté – de ce corpus d'écriture au féminin.

Le plus souvent explicites mais aussi sous-textuelles, les reprises médéennes façonnent des parcours incontournables dans le discours féministe actuel, ou alors, comme nous dirons plus tard, métaféministe, par rapport à un féminisme pour ainsi dire plus mûr, distancié de ce qu'il aurait été jadis. Les représentations de la mère et du sujet-femme à l'œuvre ici sont certes branlantes et malaisées, angoissées et angoissantes. Plus précisément, cette étude s'interroge sur le fait que l'infanticide est tantôt représenté dans toute sa réalité révoltante, révoltée et menaçante (Cardinal, Porter, Rame, Bosco), tantôt complètement dénié ou révisé (Wolf, Bessora), tantôt atténué par la représentation de conditions sociohistoriques intenables (Moraga, Agnant). La mère est un enjeu social, politique et ontologique fondamental depuis les débuts d'une pensée féministe hantée par ses propres idéalisations de la femme mère toute puissante. À l'instar des Médées très récemment montées à Montréal par Caroline Binet au Théâtre Denise-Pelletier et par Denise Guilbault à l'Espace Go, la mise en scène d'une «pulsion matricide qui s'adresse à une mère déchue et pourtant très forte» fait «repenser la place de la maternité dans des termes différents» (Ledoux-Beaugrand et Mavrikakis 91), voire ambivalents, et toujours en fonction du littéraire et du politique.

Notre approche comparative aux Médées protéiformes dans la littérature féminine actuelle tient compte de la grande flexibilité, soit la souple indétermination, du mythe. Il nous paraît donc d'autant plus pertinent de signaler, avec Marie Cardinal, que « Médée n'est pas qu'une simple infanticide » (*La Médée* 44). On le constate aussi à la lumière des versions du mythe ayant précédé l'adaptation d'Euripide, d'où le massacre des enfants de Médée et Jason commis par les Corinthiens enragés et convaincus (faussement ou correctement, selon la version) de la culpabilité de Médée en ce qui concerne la mort subite de leur roi et de sa fille. C'est bien à Euripide qu'on attribue l'association définitive de Médée à la mère filicide. Au fait, certaines analyses prétendent qu'Euripide aurait fait de Médée une infanticide grâce à son culte d'Héra ou d'Hécate, un culte qu'elle aurait même fondé, Héra étant à la fois protectrice et agresseuse des jeunes mariées, des femmes enceintes, des fœtus et des nourrissons[4]. Au-delà du meurtre, de la folie et même de ce *furor* des héroïnes passionnelles de la mythologie antique motivant leurs crimes, cet ouvrage aborde de nombreux motifs considérés comme médéens : l'exil, l'étrangeté, les contraintes sociales subies au nom du sexe, de la race et du rang social selon divers contextes : antiques, domestiques, futuristes, nord-américains, postcoloniaux ou esclavagistes. Nos analyses porteront particulièrement sur la xénophobie ainsi que sur l'exclusion et la discrimination, susceptibles de créer ces « identités meurtrières » (dont a parlé Amin Maalouf). Elles infuseront des perspectives souvent à double tranchant sur cette figure mythique pour en creuser les dimensions féministes et éthiques. Tour à tour, les textes à l'étude se rallieront autour de quatre grands axes se recoupant à travers le traitement contemporain du mythe de Médée : son humanité

---

4. À ce sujet, voir l'excellent article de Sarah Iles Johnston.

opposée à sa monstruosité, son exil, sa maternité troublante et sa souveraineté ambivalente, voire la capacité et les limites de son agencivité.

Contextes littéraire et critique

Les occurrences du mythe de Médée, dans des textes contemporains écrits par des femmes, motivent la présente étude comparative qui s'insère dans une optique féministe et mythocritique. Mais d'abord, précisons que cette étude est loin d'exister dans un vacuum critique. Précédées par l'étude comparée de Léon Mallinger et diffusées dans *Médée, antique et moderne : aspects rituels et socio-politiques d'un mythe,* les recherches de Duarto Mimoso-Ruiz proposent une enquête magistrale sur le mythe de Médée à travers différentes littératures.

En constatant, notamment au sujet de l'infanticide de Médée, que « cette exigence terrible de femme [...] de manière paradoxale, passe, la plupart du temps, par une parole d'homme » (165), Mimoso-Ruiz pose un regard inaugural sur quelques réécritures féminines du mythe d'avant 1970. Or, selon lui, ces textes donnent des résultats peu satisfaisants. Par exemple, les Médées d'Augusta Holmès (1881), de Simone Arnaud (1893) et de Daniela Valle (1970) se concentrent surtout sur la légende de Jason. Si l'œuvre dramatique d'Élisabeth Porquerol « proclame, en 1942, un certain féminisme » dans son épigraphe, elle aussi « privilégie le héros masculin » (166). De son côté, la poète portugaise Sofia de Mello Breyner Andresen (1947) ne présente pas plus qu'une simple adaptation des *Métamorphoses* d'Ovide alors que le ton moralisateur de l'auteure espagnole, Elena Soriano, semble entraver le traitement féministe de la femme révoltée dans son roman *Medea 55.* « De fait, la parole de la femme est soit auto-censurée, soit déviée dans les "Médées" écrites par des auteurs féminins du XIXe et du XXe siècle » (165), conclut Mimoso-Ruiz.

Le critique ne semble toujours pas croire, en 1984, à la possibilité « pour la femme de donner une nouvelle vision féministe du mythe de Médée » (*Médée* 167) :

> [L]e refus ou l'échec féminin à l'égard de la réécriture féministe (156)[5] du mythe de Médée semble être dû à une désaffection féminine à l'égard d'un fantasme créé par une imagination collective masculine et qui, en tant que tel, est suspect et peut être taxé de misogyne. (167)

Or, pour que se réalise cette « vision non misogyne et véritablement "féministe" du mythe » (Mimoso-Ruiz 170), nous faut-il attendre l'inscription « d'une Médée douce et aimante », la suppression de « toute ambiguïté (contrairement à ce qui se produit dans la tragédie d'Euripide ou le film de Pasolini) dans la figure de la magicienne, de la femme et de la mère » (170), comme le suppose Mimoso-Ruiz ? L'écriture au féminin doit-elle nécessairement passer par l'adoucissement (si tant est que cela soit possible) du crime infanticide ? Le constat, voire un critère pareil, est périmé, comme nous le verrons à la lumière des récentes reprises féminines du mythe. Il doit, par ailleurs, être concrètement corrigé par une étude des récits médéens créés par des femmes, tout particulièrement depuis l'avènement du féminisme littéraire. Il va presque sans dire que l'identification à un personnage démuni de toute ambiguïté n'est pas obligatoire ou même désirable pour une reprise accomplie ou féministe de la part d'une écrivaine, pas plus qu'elle ne le serait pour celle d'un écrivain.

C'est encore Mimoso-Ruiz, cette fois en 1988, qui note les nombreux traitements littéraires du mythe à partir des cultes préhistoriques d'où survient une Médée non infanticide, du moins selon ses premières incarnations. Mais il s'agit surtout de cerner « la "malsonnante rumeur" qui entoure le nom de Médée

---

5.   Mimoso-Ruiz fait particulièrement référence au problème d'un langage féminin posé par Anne-Marie Houdebine.

depuis l'Antiquité » (Mimoso-Ruiz, « Médée » 980) et continuera
à la suivre dans ses réincarnations modernes. La présence de
Médée dans la littérature antique est certes repérable : Eumelos
(au 8ᵉ s. av. J.-C.), dont les textes sont perdus, aurait traité de
Médée, Pindare a donné à Médée son image définitive d'étrangère et de savante, l'humanisation des héros à statut divin par
Euripide inspirera la banalisation sociale des personnages dans
leurs résurrections contemporaines; du côté des Latins, comme
Virgile et Ovide, Sénèque raconte sa *Medea* et en propose notamment une monstrueuse et cruelle figure inversement stoïque.
Parmi les reprises médiévales notées par Mimoso-Ruiz (Dante
et Boccace), nous pourrions ajouter l'idéalisation de Médée
par Christine de Pizan (à laquelle nous reviendrons plus tard).
En passant par les XVIIᵉ⁶, XVIIIᵉ et XIXᵉ siècles, s'imposent, parmi
d'autres, la *Médée* de Corneille dont la grandeur mythique
rappelle l'adaptation de Sénèque, l'opéra de Cherubini qui
renvoie cette fois au déchirement intérieur de la protagoniste
d'Euripide, la double tragédie de Friedrich Maximilian Klinger,
la trilogie argonautique de Franz Grillparzer ainsi que l'évocation de Médée à travers le *Miss Sara Sampson* de G.E. Lessing.
Le drame mentionné de Simone Arnaud, notamment, fait
ressortir la « barbarie » de Médée, William Morris fait paraître
son long poème, *The Life and Death of Jason* et Médée fait figure
de femme fatale dans les tableaux de Gustave Moreau et d'Eugène
Delacroix.

Comme l'ont noté plusieurs critiques (Mimoso-Ruiz,
Corti, Koua, Léonard-Roques dans « Mythe », McDonald dans
« Medea »), c'est au XXᵉ siècle que Médée subit ses transforma-
tions les plus radicales jusqu'à changer de nationalité, de race,
de rang social, d'époque et de cadre historique, socio-politique
et religieux. Les réécritures du mythe abondent dans les arts.
Paraissent, entre autres, la pièce de théâtre *Médée* de Jean Anouilh,

---

6.   Sur l'évocation de la figure de Médée, souvent fusionnée avec celles de
     Circé et Armide à cette époque, voir l'article de Courtès.

misogyne à l'endroit de sa protagoniste monstrueuse. Là, nous sommes bien d'accord avec Mimoso-Ruiz. En 1946, Martha Graham crée son lancinant ballet expressionniste, *Cave of the Heart*, à la musique de Samuel Barber, adaptant le mythe de Médée. Dans sa célèbre transposition cinématographique, Pasolini met en vedette Maria Callas, faisant remonter la légende à la quête de la Toison d'or et aux événements d'Iolcos[7]. Heiner Müller crée trois adaptations de la tragédie. En se basant sur la Médée d'Euripide, Gavin Bryars ainsi que Mikis Theodorakis en font des opéras contemporains[8]. En 1985, du côté de l'actualité française, Marguerite Duras ose « dangereusement » écrire sur l'affaire de l'enfant assassiné, Grégory Villemin, dans *Sublime, forcément sublime Christine V.*, prononçant la mère de ce dernier coupable, mais non criminelle, une mère qui « se fait Médée » (Mavrikakis, « Duras » 30)[9]. Après Pasolini, Médée semble toujours préoccuper le cinéma. En 1988, Lars Von Trier offre une adaptation brutale de la tragédie d'Euripide pour la télévision danoise. Dans le récent film, *Il y a longtemps que je t'aime*, Philippe Claudel évoque un scénario médéen à travers le personnage médecin de Juliet (interprété par Kristin Scott Thomas)

---

7.   Après le passage en Colchide et avant l'arrivée à Corinthe, Iolcos fut la destination désirée du bateau Argo. Ayant accompli, grâce aux sortilèges de Médée, les missions impossibles ordonnées par Aiétès, roi de Colchide et père de Médée, soit après avoir dompté les deux taureaux qui soufflent du feu, cultivé un champ avec les dents d'un dragon et triomphé contre l'armée puissante surgissant de cette semence, Jason récupère la Toison d'or commandée par son oncle Pélias, toujours grâce à la magie de Médée. Jason retourne à sa terre natale d'Iolcos revendiquer le pouvoir royal dont il est l'héritier, mais qui a été usurpé par Pélias. Médée et Jason entraînent les filles de Pélias à tuer leur père, mais le couple doit fuir à Corinthe pour échapper à la vengeance colérique du fils de Pélias. Les événements de la tragédie d'Euripide à Corinthe se déroulent une dizaine d'années après les périples de l'Argo.

8.   Au sujet de l'opéra de Theodorakis, voir McDonald, « Medea ».

9.   Voir la re-publication du texte par Héliotrope et l'excellent avant-propos de Catherine Mavrikakis sur le scandale suscité par l'article de Duras publié dans *Libération*.

qui euthanasie son fils atteint d'un cancer mortel. Une fois sortie de prison, elle subit les réactions suscitées par sa criminalité féminine, soi-disant monstrueuse et incompréhensible.

Certainement pertinente à notre étude, la pensée féministe s'est penchée, mais pas de façon exhaustive, sur la portée sociale de Médée, surtout à l'égard de son rôle de mère[10]. Sur la Médée d'Euripide précisément, les recherches féministes s'avèrent intéressantes et tout aussi variées alors que certaines d'entre elles, comme l'étude de Lillian Corti, sont incontournables. Se démarquant des travaux de Helen Foley et de Carolyn Durham, selon lesquelles Médée fait preuve d'un héroïsme mimétique d'un ordre masculin ou encore manqué, Corti propose l'humanité ambivalente de cette figure dont les actes, bien qu'horrifiants, sont trop souvent relégués à une sorcellerie, à une déité perverse ou à d'autres forces surnaturelles. Nous y reviendrons au deuxième chapitre.

De leur côté, Glauco Corloni et Daniela Nobili trouvent chez Euripide le « tableau clinique de la mère filicide » (185) qui nous servira également dans les analyses à suivre. D'autres études pertinentes sur la mauvaise mère comptent celle de Susannah Radstone[11], qui décèle une figure de nostalgie féministe tout en notant de récentes adaptations théâtrales et inédites par des femmes, dont Phyllida Lloyd et Clare Venables, auxquelles nous pourrions ajouter celles de Lolita Monga et Francine Ringold. Selon Simone de Beauvoir et Hélène Cixous, Médée n'arrive pas à transcender l'idéologie androcentrique de ses maintes variations masculines (Mimoso-Ruiz 168). En revanche, l'étude culturelle de Jennifer Jones sur la femme criminelle (dont la Médée d'Euripide) et les propos de Marina Warner sur les reprises de Christine Pizan et de la poète américaine Sylvia Plath soulignent l'altérité et l'étrangeté de Médée ainsi

---

10. Voir les travaux de Clément, de Greer et de Rich.
11. Voir en outre Ashe et Pralon.

que sa pertinence au féminisme actuel, comme nous le verrons plus tard[12].

Médée, c'est aussi une étrangère colchidienne, dans une société d'accueil qui ne s'ouvre pas facilement à sa différence, à son savoir et à sa dissidence. Les travaux d'Ed Levy et d'Alain Moreaux dans « Médée la noire ? » et de F. Skoda abordent cette barbarie et la race noire de Médée. Comme nous le verrons plus loin, des études plus générales sur la réécriture féminine des mythes sont proposées par Rachel Blau DuPlessis, Jane Caputi et Diana Purkiss. Sur la relation des femmes à la vie publique, politique, sociale et religieuse dans l'Antiquité, on comptera les contributions de Sue Blundell, de Mary Lefkowitz et de Nadine Bernard. Par ailleurs, du côté de la psychanalyse masculine, la théorie du complexe de Médée, plus ou moins désuète aujourd'hui, a été développée par Edward Stern, Paul Diel, Fritz Wittels ainsi que par Léonard Shengold et Shelley Orgel. Toutefois, comme ces données psychanalytiques abordent la symbolisation mythique des forces subconscientes du sujet mâle (soit de Jason), elles négligent le rôle déterminant des relations de pouvoir et la condition sociale d'une Médée errante et étrangère qui forment de fait le noyau des textes du corpus littéraire ici à l'étude.

Le présent ouvrage porte ainsi sur un mythe dont la renommée artistique, culturelle et critique est considérable. Cependant, notre angle d'approche, qui combine des perspectives

12. Du côté des études générales sur Médée et ses diverses incarnations à différentes époques s'ajoutent les travaux critiques de Rambaux, Arcellaschi, Moreaux (1994), Clauss et Johnston. Quant à Euripide et à sa Médée, l'étude de Denys L. Page examine l'orientalisme de la Colchidienne, John Gassner compare la tragédie ancienne à un drame réaliste et les recherches de Robert Graves sur les origines du mythe trouvent une Médée disculpée, le meurtre des enfants commis plutôt par les Corinthiens pour venger la famille royale. Enfin, la thèse de doctorat de Véronique Koua traite récemment des « avatars contemporains » du mythe en littérature, mais surtout chez les hommes (Max Rouquette et Maxwell Anderson, par exemple).

issues de la pensée féministe, psychanalytique, postmoderne et postcoloniale, cherche à conduire à des résultats inédits pour permettre l'émergence d'un nouveau regard herméneutique sur la riche figure de Médée. La conception et l'analyse du récit mythique au féminin offertes ici s'infusent effectivement de la pensée d'une gamme de philosophes et de théoriciens littéraires, comme le présentera le premier chapitre. Quant aux œuvres littéraires retenues, certaines ont reçu très peu d'attention critique, d'autres sont rarement lues par rapport au mythe de Médée, ou encore, en juxtaposition les unes aux autres. Bien que les perspectives féministes existantes sur Médée soient fort utiles à notre étude, elles ne sont pas nombreuses et peu d'entre elles se consacrent à la littérature féminine récente.

Tout d'abord, nous cherchons à sonder la censure, le tabou, l'oblitération et l'occultation des discours théoriques et sociaux sur le filicide (meurtre par les parents) et l'infanticide (meurtre générique de l'enfant). De fait, Médée – mère à la fois tendre et cruelle, mélancolique et lucide, dont les gestes sont cléments et féroces – dément certains axiomes relatifs au maternalisme et à la nature humaine dans ses diverses résurrections. Comme le proposent Corloni et Nobili, la distorsion de l'instinct maternel ne se limite pas nécessairement aux cas exceptionnels causés par une pathologie ou une psychose absolue. Or, l'immense difficulté de réconcilier l'amour maternel à l'infanticide s'impose également et elle vient ajouter à la complexité de la présente réflexion sur les parcours d'un féminisme parfois quelque peu idéaliste au sujet de la maternité. Cela dit, ce qui démarque cette analyse des autres études du mythe de Médée est le fait que l'infanticide n'y figure point comme le seul composant d'importance. La femme exilée ou encore sans issue ainsi que l'expérience d'étrangeté culturelle, d'exclusion sociale et de dépossession géographique, filiale et ontologique sont d'autant plus traitées comme des irradiations d'un mythe à plusieurs facettes.

Il ne s'agira pas de faire preuve de naïveté à l'égard d'une revendication candide ou d'un renouvellement féministe quant à cette figure mythique. Médée demeure, en fin de compte, fortement problématique, mais peut-être justement « on ne peut plus féministe » étant donné « la vision du maternel » qu'elle vient perturber (Mavrikakis, « Duras » 30). Il ne s'agira pas non plus simplement de s'insurger contre la violence d'une femme qui s'en prend à son enfant. Au fait, la théorisation de la violence et de la colère féminines, à l'image des gestes radicaux posés par Médée, mais aussi bien au-delà du mythe de Médée, serait certes une contribution considérable à la pensée féministe actuelle, comme celle inaugurée par l'étude importante menée par Jones. Or, la violence et la colère d'une Médée jalouse et répudiée par son mari trompeur n'est que légèrement, ou même plus du tout, au rendez-vous dans le corpus littéraire choisi. Lectrices et lecteurs se confrontent plutôt à l'exil, à la mélancolie et aux contradictions inhérentes de cette figure mythique, à sa constante mise en abyme des modalités de la réécriture mythique au féminin, et dans certains cas, à une Médée carrément non infanticide.

Sans que l'abomination et la violence du geste infanticide soient désavouées, ce sont justement les diverses composantes culturelles, sociales, littéraires et éthiques de Médée, notamment celles qu'Euripide mettait en scène au cinquième siècle athénien, qui occupent l'imaginaire féminin actuel et retiennent notre attention. Ce sont ces composantes qui rendent Médée humaine à part entière, qui surpassent en effet les interprétations désuètes de cette figure si déconcertante. Le long des siècles, la radicalement violente et colérique Médée, celle qui tue sur scène ses deux fils dans la tragédie ensanglantée de Sénèque, par exemple, a certes captivé l'attention masculine de Corneille, de Racine et d'Anouilh, entre autres. La pensée et l'écriture au féminin, quant à elles, semblent avoir préféré donner place surtout à la Méduse (Cixous), au mythe de Déméter et Perséphone (Irigaray, *Le temps*), à Clytemnestre (Yourcenar), à Électre (H.D., Plath) et surtout à Antigone (Butler, Irigaray, Yourcenar) plutôt que de confronter une mère qui s'en prend à son enfant. Et si l'on tentait de dépasser ces deux tendances, de commencer à remplir la lacune qui en a résulté? Comment et pourquoi les auteures contemporaines forcent-elle une nouvelle perspective, plus multidimensionnelle, sinon ambivalente, de la mère (infanticide ou non) et de la femme séquestrée (et parfois non) par son propre mythe de même que par sa composition sociale et discursive?

Enfin, un simple pessimisme à l'endroit des forces mythiques qui séquestrent, nous le verrons, les protagonistes des œuvres étudiées, les livrant à leur fatalité prescrite par leurs propres légendes, ne nous mènerait pas bien loin dans notre pensée. Comme tentera de le faire voir cette étude, ce n'est pas l'évocation féministe de Médée qui est ratée par les auteures. Alors que les auteures refusent à Médée sa diffamation historique, elles lui refusent d'autant plus son idéalisation, soit sa revendication, au sens étroit de cette expression. Or, une certaine réhabilitation de la figure de Médée serait possible dans certains cas, mais il faudra d'abord et avant tout tenir compte des contraintes et des échecs de cette figure (infanticide ou non). Dans certains des textes analysés, c'est Médée elle-même, et non ses créatrices, qui rate son coup : dans ses diverses circonstances reconstituées, elle aurait pu agir autrement, mais elle n'exercera pas ce «pouvoir faire» (expression empruntée à Ricœur).

Pour terminer, si les reprises du mythe de Médée en cette fin de siècle et nouveau millénaire sont même partiellement indicatrices de la pensée féministe actuelle, on pourra déduire une acceptation de certaines antinomies à l'égard de la réécriture des mythes, de la maternité ainsi que du sujet mythique au féminin mis en œuvre, sinon en crise.

Pistes et bilan

En creusant les composantes théoriques et littéraires de la mythopoesis, les deux premiers chapitres, plus courts que les autres, s'enchaînent aisément. Le premier chapitre fouille différentes définitions du mythe et du récit mythique pour contempler ensuite le mythe comme élément déjà déplacé et substitué, comme mythopoesis. Le mythe s'avère ainsi le produit inéluctable du mouvement constant de ses transcriptions perpétuelles. Fondée sur cette conceptualisation du mythe en termes de dynamisme (Brunel) et de supplémentarité (Derrida), l'approche mythocritique s'ouvre d'emblée à l'indétermination, et surtout à la mutation, du récit mythique. Jumelée avec une analyse féministe, notre mythocritique se voudra d'autant plus une approche comparative et transculturelle au mythe de Médée.

Le deuxième chapitre précise les enjeux intertextuels des reprises du mythe dans les textes à l'étude. Bien que la IVe *Pythique* de Pindare et *Les argonautiques* d'Apollonius de Rhodes mettent en valeur des aspects historiques et ethniques pertinents – touchant aux relations entre Grecs et Barbares et aux dimensions fantastiques, psychologiques et morales du mythe de Médée –, c'est la *Médée* d'Euripide qui se veut l'intertexte le plus récurrent dans notre corpus contemporain. L'enquête est menée par une lecture féministe et à la lumière de certaines interprétations-clés de la tragédie d'Euripide et, surtout, par la traduction/transposition de Marie Cardinal du texte grec. Le chapitre entreprend aussi quelques réflexions sur la maternité pour déterminer en quelle mesure l'infanticide s'avérerait le côté sombre, historiquement récurrent, mais toujours occulté, semble-t-il, en faveur de l'idéalisation de la figure maternelle. Penchée sur la réécriture théâtrale de Cardinal, l'analyse s'affaire à montrer la pertinence des modalités d'une mythopoesis au féminin, des fléaux de l'exil, du racisme et de la maternité proscrite de cette héroïne « barbare » parmi les Grecs.

Comment représenter ou incarner Médée au théâtre de nos jours ? Le chapitre 3 aborde les pièces de théâtre de Deborah Porter (*No More Medea*), de Franca Rame (*La Medea*) et de Cherríe Moraga (*The Hungry Woman: A Mexican Medea*), dans lesquelles la version d'Euripide joue toujours un rôle catalyseur. Si ces pièces retravaillent l'archétype mythique dans une perspective explicitement féministe, la Médée renouvelée qu'elles proposent n'est pas toujours suffisante. Bref, la dramaturgie de ces femmes s'approprie le mythe dans ce qu'il a de répétitif et de réitérant. Chaque représentation, chaque mise et remise en scène mythopoétique répète, à sa manière, directement ou indirectement, le même scénario tragique menant à l'acte infanticide. Par leur propre théâtralité, ces textes préconisent une prise de conscience de la condition sociale d'une Médée apatride et répudiée.

Plus contestataires que les autres à l'endroit de la version euripidienne, les Médées romanesques examinées dans le chapitre 4 s'ouvrent à une réflexion ontologique sur le sujet mythique, non seulement par rapport à son positionnement narratif, mais aussi à sa capacité (ou non) de transgresser son propre mythe. Ce sont les questions dont traitent Monique Bosco dans *New Medea* et Christa Wolf dans *Médée : voix*. De fait, Médée s'avère représenter le sujet-femme ontologiquement antinomique par excellence. D'une part, la nouvelle Médée de ces romans semble foncièrement soumise aux forces discursives, narratives et sociales qui la constituent et déterminent ce destin mythique qu'elle est tenue à rejouer. D'autre part, Médée fait néanmoins preuve d'une potentielle agentivité (intérieure) par rapport à certaines forces (extérieures) déterminantes. La réécriture mythique est constamment mise en relief dans ces deux romans et toujours est-il que la véritable polyphonie de ces réécritures mythiques constitue Médée pour encore la défaire et la créer à nouveau.

Le chapitre 5 aborde deux textes issus de la francophonie postcoloniale : *Petroleum* de Bessora et *Le livre d'Emma* de Marie-Célie Agnant. Les questions d'exil, d'étrangeté et de folie, sous-jacentes dans les analyses précédentes, sont au cœur de ces œuvres, qui ajoutent une nouvelle perspective à notre étude : la postcolonialité. D'abord, ce chapitre repose sur une acceptation non restrictive du mythe pour relever, au dire de Lévi-Strauss, les « mythèmes » du texte littéraire et sonder les irradiations sous-textuelles plutôt que l'imitation ou l'émergence explicite du mythe médéen. C'est en tant que poétique textuelle que le postcolonialisme est pertinent ici, soit comme mode d'écriture désigné par la transgression des codes littéraires. Quant à la figure de Médée dans ces deux romans, il s'agit d'une reprise transculturelle d'un mythe occidental, issu de l'antiquité grecque, mais mêlé aussi à d'autres discours mythiques et traditions littéraires ainsi qu'à la prise de parole du sujet subalterne. En bref, ce chapitre soulève des intertextes précis et souterrains dans le mythe de Médée d'Euripide pour faire le procès du passé (et du présent) colonial du cadre sociohistorique présenté.

La conclusion tente d'ériger un pont liant l'ensemble des analyses et s'ouvre sur une réflexion philosophique sur le sujet mythique au féminin. Les Médées actuelles revêtent-elles cette autonomie et cette indépendance nécessaires à toute agentivité féministe ou ne font-elles que répéter les mêmes gestes violents et les mêmes structures de pouvoir qui les oppriment et menacent leurs enfants? S'inscrivent-elles plutôt dans l'entre-deux de telles polarités qui constituent ce sujet mythique depuis des lustres? Médée aurait-elle quelque chose à faire avec une subjectivité éthique, dérivée à même d'une notion dialectale, « non cohérente » du sujet?

Les représentations variées divulgueront une Médée avant tout humaine et crédible, lucide et d'autant plus complexe, et feront ressortir certaines hantises que suscite la maternité. Elles préconiseront la problématique d'une subjectivité féminine vis-à-vis des forces extérieures qui lui fixent (ou lui dictent?) un certain destin et une agentivité qu'elle n'est jamais entièrement certaine de pouvoir réaliser. En somme, la problématique de Médée se développera à partir d'une suite de confrontations – non binaires, mais bel et bien dialectales –, entre mythe et mythopoesis, tragédie antique et tragédie moderne, humanisme et déconstruction, possession et dépossession ontologiques.

Enfin, ce livre (et pas un autre)

Voilà ce qui se présente comme une étude sur l'idée de Médée[13], sur la dévastation même racontée par le mythe, pour faire écho avec notre épigraphe empruntée à la grande poète américaine, Adrienne Rich. Sans vouloir justifier, revendiquer ou excuser Médée et ses crimes, nous cherchons à les saisir dans leurs pans multiples, à les situer dans leurs contextes sociaux et culturels et à les inscrire dans leurs tragédies au féminin. Médée l'idée, « *the thing itself* », n'est pas une occurrence extraordinaire, mais nous verrons, commune et récurrente, tout aussi abjecte soit-elle. À lire les nombreux reportages journalistiques de notre propre actualité – cela, au moment de la rédaction de cette étude –, nous pouvons vite constater que le filicide demeure bel et bien un crime récurrent. Nous n'avons qu'à penser aux infanticides des foyers d'accueil où sont placés de nombreux enfants autochtones[14], aux crimes d'honneur commis dans certaines cultures musulmanes et indiennes, comme celui d'une fille adolescente par son père et son frère, au Canada, en décembre 2007[15], à la bastonnade à mort récente d'une autre

13. Nous remercions Jill Scott pour cette façon de présenter le problème.
14. On pensera au cas récent (juin 2010) de Gage Guimond de Winnipeg, tué par sa grand-tante à l'âge de dix-huit mois, qui rappelle celui de Phoenix Sinclair. Ayant passé toute sa courte vie dans des foyers d'accueil, cette dernière fut confiée à sa mère biologoque et son conjoint, puis tuée à l'âge de cinq ans sur la réserve North Risher située dans le Nord du Manitoba.
15. La jeune fille, Aqsa Parvez, était perçue comme une honteuse dissidente par son entourage musulman ultra conservateur et patriarcal et fut tuée prétendument pour sauver l'honneur de sa famille scandalisée par sa subversion des normes dictées aux femmes et son insistance d'adopter les manières libres de la société canadienne. De plus, c'est toujours la rareté du crime que souligne un article du *Globe and Mail* à l'occasion de la condamnation juridique des Parvez, en citant James Stribopoulos, professeur de droit à Osgoode Hall : « *It's very rare for a parent to kill a child, and it's rarer still to have a parent kill a child along with a co-operative sibling. And it's even rarer still to do it for this sort of motive*» (n.p.). Cependant, l'observation fallacieuse est plus loin contredite par la rédaction

adolescente ontarienne de quinze ans par son père et sa belle-mère[16], ou encore au triple infanticide duquel ont été accusés Cathy Gauthier-Lachance et son mari[17].

Le malaise guette constamment la chercheuse qui décide d'aller à la rencontre du texte médéen, que celui-ci soit présenté au cinéma, au théâtre ou dans un roman. En tant que mère, Médée s'avère certes un échec. Au bout du compte, bien que la situation les accablant soit insoluble, Médée ne réussit pas à protéger ses enfants ni des autres, ni d'elle-même. En sacrifiant ses fils et ses filles au travers des annales littéraires qui la font ressusciter, elle abuse de son rôle de mère, voire du seul pouvoir qu'on ait ultimement laissé à cette Barbare colchidienne, doublement reléguée aux marges de la cité par son étrangeté et, ensuite, par la trahison de son mari et de sa culture adoptive. Or, à la lecture des textes retenus, nous verrons que l'échec n'est d'ordre ni instinctif ni humain. Le crime ne résulte pas d'une défaillance mentale, d'une disposition inexplicable ou encore des mystérieux décrets d'une déesse vénérée, telles Hécate ou Héra à qui Médée (notamment chez Cardinal et Wolf) voue pourtant son adoration. Médée n'est pas folle, elle n'est pas monstre, bien que nous la souhaiterions peut-être ainsi – d'où ce malaise qui ne cesse de sous-tendre la lecture. Médée est femme et étrangère, soumise aux contraintes les plus sévères

en chef du journal, qui indique que pour chaque cinq homicides commis au Pakistan, on peut compter un filicide d'honneur. Dans une période de quatre ans, le pays en a compté 1957. Quant au Canada, continue le *Globe and Mail*, « *The number of children and teenagers who are homicide victims in Canada is frighteningly high – 401 between 1998 and 2003, roughly the size of an elementary school. Family members committed two-thirds of the solved cased*» (nous soulignons).

16. Frederick et Elizabeth Gayle furent arrêtés le 15 juin 2010 et inculpés de meurtre au second degré.

17. Les crimes faisaient partie d'un pacte suicidaire par le couple québécois qui a emporté l'homme, mais non la femme.

que lui pose d'abord cette réalité de femme exilée et proscrite au cinquième siècle athénien et qu'elle ne réussit pas ensuite à surmonter dans ses réincarnations contemporaines.

Au-delà de la portée de cette étude, certaines œuvres, dont seuls les titres évoquent un intertexte avec le mythe de Médée, méritent une mention, bien qu'elles ne s'engagent pas forcément dans les procédés de réécriture mythique retenant ici notre attention. L'ouvrage *Les silences de Médéa* par Malika Madi renvoie uniquement à la petite ville algérienne de Médéa située au sud d'Alger. *Medea I Ee Deti* (*Médée et ses enfants*), roman russe de Ludmila Ulitskaya, se limite à une évocation purement onomastique de la figure mythique. Du côté des évocations éparses du mythe de Médée, *Lithium for Medea*, par exemple, de la romancière Kate Braverman, met en scène un personnage du nom de Jason et une histoire de couple hargneuse qui entraîne le meurtre sacrificiel, non d'un enfant, mais d'un animal domestique. Catherine Mavrikakis évoque la fuite fantastique d'une Médée dangereusement triomphante à bord de son char ailé lorsqu'elle écrit dans *Le ciel de Bay City* : « Moi, chaque Boeing que je prends, je le baptise secrètement Médée. Les avions, je le sais, peuvent nous dévorer tout rond » (104).

Les récits d'infanticide connaissent une fortune littéraire dans les textes contemporains de femmes. Dans le contexte de la littérature francophone (île Maurice, Algérie, France, Sénégal, Québec), on pourra penser à la jeune narratrice maltraitée qui tue son nouveau-né dans *Moi, l'interdite* d'Ananda Devi, à l'exhumation des mémoires pénibles de Selma dans *Je dois tout à ton oubli* de Malika Mokeddem, à l'enfant abandonné du *Vice-consul* de Duras, aux mères troublées de *La femme changée en bûche* et *Rosie Carpe* de Marie NDiaye et aux situations polygames qui font souffrir jusqu'à la folie les protagonistes également infanticides de Marina Warner-Vieyra (*Juletane*) et de Mariama Bâ (*Un chant écarlate*). Cependant, ces textes, bien qu'ils mettent en scène un infanticide, ne viennent pas s'inscrire dans l'exégèse de ce travail, dont les éléments-clés, au-delà du crime, sont bien les rapports à l'intertexte euripidien, la préoccupation avec une écriture mythique, l'étrangeté et l'exil, l'humanisation de la mère filicide ainsi que l'agencivité ambivalente au cœur du mythe de Médée[18].

Nous ne voulons pas dire par là que l'intrigue d'œuvres pareilles ne pourrait divulguer un réseau intertextuel néanmoins évocateur de l'infanticide Médée. Par exemple, du côté anglophone, le roman historique *Beloved* de l'Américaine Toni Morrison donne à lire la protagoniste Seth, qui subit le retour des morts de sa fille qu'elle a tuée pour ne pas avoir à la livrer à une vie d'esclavage au XIXe siècle aux États-Unis[19]. Dans le cadre plus moderne de *By the Bog of Cats*, la dramaturge irlandaise, Marina Carr, met en scène un infanticide par une femme contrariée par tout l'ordre social qui l'entoure et l'assujettit, dont les dimensions tragiques et même médéennes n'ont pas échappé à la critique[20]. Or, dans notre considération de « Médées postcoloniales », nous avons opté, en plus du roman anticolonial et contestataire peu connu de Bessora, pour le récit esclavagiste de Marie-Célie Agnant. La thématique infanticide compte pour très peu dans les études critiques pourtant nombreuses écrites sur ce roman alors que son traitement de l'exil et du racisme rappelle la persécution d'une Médée colchidienne. Les pièces de Cardinal, de Porter, de Rame et de Moraga ont, pour leur part, retenu davantage notre attention, étant donné leurs renvois explicites à la tragédie d'Euripide et leur appel à l'admissibilité d'une mère infanticide *humaine*, *lucide* et d'autant plus déconcertante.

---

18.   Le livre de Bâ pourrait faire exception ici, du moins selon l'analyse qu'a déjà menée avec brio Lillian Corti sur le personnage de Mireille comme figure médéene : voir « Mariama Ba's "Mireille" as Modern Medea ».

19.   Par ailleurs, on pourra consulter l'excellent article rédigé encore par Corti « Medea and *Beloved* ».

20.   Voir, notamment, les articles de McNulty et de Wallace.

Quant aux mères filicides des deux romans québécois, *L'obéissance* de Suzanne Jacob et *La fissure* d'Aline Chamberland, Lori Saint-Martin faisait remarquer à la fin des années 1990 :

> It is extremely troubling that the emergence of infanticide in the Quebec novel is contemporaneous with the articulation of a mother's point of view in literature [...] A mother who kills her daughter also violates the ultimate feminist taboo, destroying the solidarity between women which is the very bedrock of feminism. («Les deux femmes» 196-97)

Ce sont en effet de telles assises féministes, certes quelque peu euphoriques, qui s'effondrent devant des textes explorant la violence féminine et ces aspects parfois douloureux, même dangereux, de la relation d'une mère et de son enfant.

Pour conclure, qu'est-ce que cela nous apporte de remettre en scène Médée ? Qu'est-ce que cela nous donne en tant que féministes ? Les remises en scène féminines de Médée dans notre ère contemporaine ne peuvent que faire réfléchir le féminisme sur lui-même. Elles ne peuvent que faire réfléchir les mères et les femmes sur elles-mêmes. La lecture transculturelle et comparatiste de cette recherche s'ouvre vers l'émergence d'un nouveau regard littéraire et féministe sur la riche figure de Médée. Elle nous semble nécessaire aujourd'hui tant par rapport au corpus littéraire qui s'impose grandissant que par rapport à un corpus critique de plus en plus métaféministe. Le regard posé dans cette étude vient sonder la censure, le tabou, l'oblitération et l'occultation des discours théoriques et sociaux sur le filicide et l'infanticide. Médée, mauvaise mère à la fois tendre et cruelle, mélancolique et lucide, dont les gestes sont cléments et atroces, démystifie notre conception de la nature humaine et maternelle. Au travers de ses incarnations, que celles-ci soient transposées, utopiques, révisionnelles, abjectes ou postcoloniales, le mythe de Médée éclaire les affres de l'exil et de l'exclusion ainsi que certaines perspectives sur le maternel et le féminin qui ont longtemps préféré demeurer dans l'ombre de nos présuppositions sociales. Bien qu'il n'y ait pas plus monstrueux ou fou que l'acte infanticide, Médée, elle, n'est ni monstre ni folle, mais lucide et humaine à part entière – comme la voulait Euripide – alors qu'elle s'en prend à ses enfants, à la culture défectueuse, à l'histoire des hommes. Enfin, la réécriture au féminin de Médée force une conception du sujet qui ne revêt pas facilement sa cohérence ontologique ni la certitude de son agentivité devant les forces déterminantes de son propre mythe. Elle fait évoluer la pertinence de cette figure mythique, dans sa tragédie de femme, aux questions touchant notre vécu contemporain : le contact, y compris le choc, des cultures, la maternité ainsi que l'agentivité personnelle et sociale.

ᒥᒥᒥᒥᒥᒥᒥᒥᒥᒥ

À la suite du cheminement théorique présenté dans le premier chapitre, nous commençons dans et par le théâtre, celui d'Euripide d'abord, de quatre dramaturges de notre époque par la suite : Cardinal, Porter, Rame et Moraga. En ce qui concerne le mythe, le théâtre est bien « son lieu de naissance et de renaissance à travers les siècles, et jusque dans le nôtre » (Goudot 525). En ajoutant les pièces susmentionnées de Carr, de Ringold, de Lloyd, de Venables et de Monga, on aurait pu facilement consacrer tout un livre aux reprises de Médée, précisément la Médée d'Euripide, telles qu'elles animent le théâtre féminin actuel. Toutefois, nous avons voulu examiner aussi le roman au confluent des mythèmes médéens. Genre ouvert, beaucoup plus récemment que le théâtre, à la réécriture mythique, le roman est d'autant plus compatible à la nature multidimensionnelle du mythe, comme le montreront les trames dégradées, plurielles et polyphoniques du romanesque au féminin de Bosco, de Wolf, de Bessora et d'Agnant.

Renaissance de Médée, donc, dans huit textes de femmes de notre contemporanéité… Médée, c'est ce qui manifeste le côté sombre et pénible de nos discours sur la maternité, la femme et l'étrangeté. Elle incarne l'instabilité des récits mythiques dont nous avons hérité et que traduit, adapte, révise et transplante la littérature féminine actuelle. Dans les prochaines pages, le mythe décèlera le dynamisme de son fonctionnement littéraire qui le rend une chose instable et expansible, une (mytho) poétique toujours en mouvement. Le mythe se montrera toujours pertinent, sinon nécessaire, en effet, au métaféminisme : ce féminisme qui se repense à travers la figure médéenne.

Chapitre 1

Médée,
une poétique du mythe

« **C**OMMENT mettre le doigt sur la "vraie" Médée à travers toutes les variations du personnage ? », demande Hélène Pednault à Marie Cardinal, dans une entrevue insérée à la fin de *La Médée d'Euripide*. La traductrice répond ce qui suit :

> Médée est un mythe. D'ailleurs, on ne pourra jamais savoir la vérité de Médée, en admettant qu'il y en ait une. Enfin, disons réalité plutôt que vérité. Car, toutes les Médées sont vraies. Elles portent toutes la vérité de ceux qui les racontent, c'est ce qui est intéressant dans l'étude des mythes. (120)

Ainsi, Médée est protéiforme dans ses divers contextes culturels et contemporains de même que dans ses incarnations de la vérité pour celui ou celle qui l'aborde et s'affaire à en créer un récit.

> *Who or what is Medea?*, s'interroge cette fois la classiciste Marianne McDonald. *Is she a living being? A goddess? A character performed by an actress? A symbol? A text? The ancient text? A modern recreation? Many texts? Words heard on the stage or words read in a book? How do we translate her for ourselves?* (*Ancient* 116)

Médée, c'est le récit hérité, mais aussitôt fabriqué, transposé et supplémenté au fil des époques et des courants de pensées. Ainsi en est-il de tous les récits mythiques, notamment de la Grèce antique. Toujours déjà une mythopoesis ou le résultat instable

d'une transcription perpétuelle, Médée incarne une poétique
du mythe multiforme, sa pluralité provenant de ses riches
amalgames depuis l'Antiquité[21]. Cela ne signifie pas que le mythe
ne puisse aussi conserver sa « fonction iconique » (P. Bido, ct.
ds. Platon-Hall 154) figée dans l'imaginaire collectif. Les forces
mythiques auxquelles Médée vient parfois se soumettre et contre
lesquelles elle vient aussi s'insurger s'inscriront en effet dans la
thématique des œuvres étudiées. C'est bien la mythopoesis et
ses procédés de réécriture au féminin, constamment mis en
relief, qui dégageront le sujet mythique des contraintes de son
propre mythe.

Mais que peut une littérature du mythe dans une société
contemporaine ayant professé la mort des « grands récits »[22],
aspect fondamental de la condition postmoderne selon Jean-
François Lyotard ? Cette condition ne nous oblige-t-elle pas
à repenser l'inscription des mythes en fonction d'une certaine
supplémentarité derridéenne, Médée se voulant un signifiant
continuellement différé (Scott 23) à travers les siècles, les civilisations, les discours ? La supplémentarité est inhérente à tout
mythe qui mène, évidemment, à son herméneutique, mais qui
est davantage « déjà lui-même le produit d'une interprétation » (Platon-Halle 154). Or, si les intertextes mythiques qui
surabondent dans la littérature contemporaine en sont pour
quelque chose, on est loin « de croire que nous en aurions fini
avec les mythes » (Eissen et Engélibert 3).

---

21. Selon Sarah Iles Johnston, la Médée du Ve siècle athénien est déjà le
     fusionnement de deux figures différentes effectué dans le courant de
     l'ère archaïque (850-450 av-J.C. : la figure de la déesse corinthienne
     Médée, liée, de façon ambigüe, à la mort de ses enfants et de ceux de la
     cité, et à la figure de la princesse colchidienne ayant assisté aux exploits
     des Argonautes). Voir Johnston, p. 45 et pp. 65-66.
22. Par ailleurs, c'est la question fondamentale du volume collectif *La dimen-
     sion mythique de la littérature contemporaine*, quatrième de couverture.

L'approche théorique et la méthode de lecture comparative et féministe de notre étude se développent à partir de
l'exploration de diverses théories du mythe et de pratiques
mythopoétiques. Nous cherchons ici à en déceler les rapports
aux reprises du mythe de Médée par les femmes de lettres de
notre ère contemporaine ainsi qu'à préciser les enjeux intertextuels et théoriques des traitements contemporains et féministes du mythe médéen.

Mythe et mythopoesis

Il nous faut tenir compte d'abord des difficultés que pose toute
définition du mythe, comme le font une gamme d'historiens,
d'essayistes littéraires, de philosophes, d'anthropologues et de
linguistes[23]. Un dialogue de sourds autour du mythe, « l'un de ces
signifiants flottants dont nos contemporains usent et abusent »
(Brunel, « Introduction » 30), est certes à éviter. En effet, « le
mot mythe », fait constater Jean-Marie Grassin, « ne désigne pas
le même signifié, suivant les déterminants avec lesquels il est
accouplé » (12). Aussi *Le nouveau Petit Robert* en propose-t-il
diverses définitions :

> Récit fabuleux, transmis par la tradition, qui met en scène
> des êtres incarnant sous une forme symbolique des forces
> de la nature, des aspects de la condition humaine. [...] Pure
> construction de l'esprit [...] Affabulation. Allégorie. [...]
> Représentation idéalisée de l'état de l'humanité dans un
> passé ou un avenir fictif. [...] Utopie. [...] Image simplifiée,
> souvent illusoire, que des groupes humains élaborent ou
> acceptent au sujet d'un individu ou d'un fait [...].

23. Voir Eliade, Vernant, Lévi-Strauss, Barthes dans *Mythologies*, Ricœur
dans « Myth », Jolles.

De son côté, Michel Panoff dénonce l'utilisation trop géné-
ralisée du mot mythe[24], et selon Véronique Léonard-Roques,
la figure mythique se veut «aussi introuvable que *le* mythe»
(Avant-propos 10). Dans la troisième partie du *Deuxième sexe*,
Simone de Beauvoir signale cette grande difficulté de décrire
un mythe, notamment un mythe féminin :

> Il est toujours difficile de décrire un mythe; il ne se laisse
> pas saisir ni cerner, il hante les consciences sans jamais être
> posé en face d'elles comme un objet figé. Celui-ci est si
> ondoyant, si contradictoire qu'on n'en décèle pas d'abord
> l'unité : Dalila et Judith, Aspasie et Lucrèce, Pandore et
> Athéné, la femme est à la fois Ève et la Vierge Marie. (242)

Enfin, Pierre Brunel avertit contre «l'erreur» qui serait :

> de s'entêter à vouloir parler *du* mythe, quand on se trouve
> en face de la multiplicité des mythes, d'aller à la recherche
> d'un concept impossible quand les figures nous environnent
> et nous envahissent (Présentation 10).

Après tout, «ce qui importe», pour Brunel et pour nous
également, «c'est moins de fixer une définition du mythe que
de cerner sa présence dans le texte littéraire» (Brunel, «Introduction» 31).

La définition du mythe que donne André Jolles nous paraît
pourtant intéressante : «une "forme simple" antérieure au
langage écrit, mais "actualisée" par lui et par le texte littéraire»
(ct. ds. Brunel, *Mythocritique* 13). Jolles rejoint Ariane Eissen
et Jean-Paul Engélibert qui soulignent l'essentielle «imbrica-
tion du mythe et de la littérature» (7). Si le mythe possède une
antériorité étant donné son rapport à la tradition orale ou au
«langage préexistant au texte», il est déjà «diffus dans le texte,
est l'un de ces textes qui fonctionnent en lui» (Brunel, *Mythocritique* 61), et cela remontant jusqu'au classicisme grec. Déjà

---

24. Dans Brunel, Préface, p. 8.

transmis, « le mythe est animé par un dynamisme, qui est celui du récit » (Brunel, Préface 8).

Alors que le champ des études mythologiques prenait son envol au XXe siècle grâce aux recherches de Mircea Eliade, Georges Dumézil cernait déjà ce rapport intrinsèque entre mythe et récit littéraire[25]. Au dire de Jean-Louis Backès, « un mode de pensée mythique [...] se perpétue, à travers l'irréductible multiplicité du texte, jusque dans la littérature d'aujourd'hui[26]. » Dérivé du « grec *mythos* » qui « signifie parole, récit transmis » (Boyer 158), toujours est-il que « le mythe nous parvient tout enrobé de littérature », selon la belle expression de Pierre Brunel, « qu'il est déjà, qu'on le veuille ou non, littéraire » (Préface 11). Jumelé à « poiein » (création), le mythe se lie d'emblée aux procédés de la mythopoesis, cette parole créée, à savoir cette création perpétuellement différée dénotant l'adaptabilité culturelle du mythe.

Selon Philippe Daros, le mythe « se meurt au contact de l'écriture » (14) pour devenir une « archi-trace » (terme qu'il emprunte à Paul Ricœur), « trace de trace » de ses origines (13). Déjà « dans la Grèce antique », le mythe figurait comme « approximation » (14). Au travers de ses « littérarisations » (Daros 15), le récit mythique met donc le mythe forcément à distance. Ne serions-nous pas les « orphelins de toute mythologie », postule à son tour Ricœur, puisque « la médiation par les textes » se fait toujours « au détriment des cultures orales[27] » ? Pourtant

25. Voir l'étude que consacre Daniel Dubuisson à ces penseurs. Par ailleurs, leurs travaux ont été précédés par l'approche universelle de Freud et Jung – ayant traité du mythe comme vérité asociale enfouie dans l'inconscient –, et côtoyaient les études archétypales d'Érich Neumann, de Robert Graves, d'Arthur Evans et de Sir James Frazer, selon lesquelles les récits cycliques de création passent le plus souvent par l'idée d'un matriarcat préhistorique. À ce propos, voir Diana Purkiss.
26. Cité dans Eissen et Engélibert, « Avant-propos », p. 6.
27. Ricœur, *Du texte à l'action*, cité dans Daros, p. 27.

incontournable, la transcription mythique détient une «tensivité» (l'expression appartient à Ricœur dans *La métaphore vive*) entre le même et l'autre, entre la perte de l'origine et la reconstruction totale du mythe – «une rêverie de l'Origine sans origine» (Daros 22).

Quant à lui, Claude Lévi-Strauss tient à opposer mythe et littérature, le mythe se distinguant par sa nature fondatrice, anonyme et collective, la littérature par ses modalités imaginaires, sociales et métaphoriques[28]. Lévi-Strauss perçoit le passage du mythique au littéraire comme un processus de dégradation du mythe «en sérialité» (*L'origine* 105-6). En revanche, l'anthropologue propose une acceptation du mythe fort pertinente à notre analyse des multiples Médées dans l'écriture actuelle des femmes. Selon son *Anthropologie structurale*, «un mythe se compose de l'ensemble de ses variantes, littéraires ou non[29]». Comme le fait remarquer encore Brunel, «[i]l y a là quelque chose d'un peu vertigineux puisqu'au moment même où je parle d'un mythe, j'ajoute à ce mythe et j'en modifie, fût-ce insensiblement, les contours» (Introduction 32).

Par conséquent, «toutes les versions d'un mythe sont également vraies», propose Lévi-Strauss (Brunel, *Mythocritique* 34), idée réitérée par Marina Warner au sujet des représentations contradictoires de Médée dans la littérature féminine. Warner cite en exemple la reprise médiévale du mythe par Christine de Pizan, qu'elle compare ensuite à celle de Sylvia Plath du milieu du XXᵉ siècle. Pizan fut l'une des premières femmes à réécrire le mythe de Médée et de Circé qu'elle considère, par ailleurs,

28. Ainsi, le besoin de concilier deux mondes contradictoires dans le récit mythico-littéraire (voir Sellier).
29. Cité dans Brunel, *Mythocritique*, p. 34. Par ailleurs, cette citation de Lévi-Strauss paraît en exergue dans *Medea: A Sex War Opera* de Tony Harrison qui fait entrelacer des fragments de nombreuses Médées, y compris celles d'Euripide, de Sénèque, de Corneille et de Cherubini, dans un même texte. Voir McDonald, *Ancient*, p. 121.

comme des pionnières scientifiques plutôt que des sorcières
maléfiques (Purkiss 442). Dans *Le livre de la Cité des Dames*,
« Médée amoureuse » (213), trahie et « désespérée » (214) et dont
le « cœur ne connut plus jamais le bonheur » (213-14), demeure
avant tout inoffensive. Or, par son image « achevée » de la
femme du poème « Edge », Sylvia Plath crée une tout autre
figuration :

> *The woman is perfected.*
> *Her dead*
>
> *Body wears the smile of accomplishment,*
> *The illusion of a Greek necessity*
>
> *Flows in the scrolls of her toga*
> *Her bare*
>
> *Feet seem to be saying:*
> *We have come so far, it is over.*
>
> *Each dead child coiled, a white serpent,*
> *One at each little*
>
> *Pitcher of milk, now empty*
> *She has folded*
>
> *Them back into her body* [...] (84)

Contrairement à Pizan qui cherche à faire valoir la puissance
et l'érudition de Médée, sept siècles plus tard, Plath fait émerger
une figure froide et meurtrière, l'inversement mortel de la mère
nourricière. La violence féminine est indéniable, horrifique, néanmoins admissible aussi bien dans la symbolique de l'histoire
des femmes que de celle du poème, comme l'évoque ici l'apparition de la figure lunaire d'Artémis :

> *The moon has nothing to be sad about,*
> *Staring from her hood of bone.*
> *She is used to this sort of thing.*

Warner fait ainsi retentir les facettes dynamiques de la mythopoesis en inférant ceci :

> *I thought Pizan was absurdly coy, and felt that feminism could not proceed without facing women's crimes as well as their wrongs – the ills they did as well as those done to them. This is still my position – when it comes to historical events; but with regard to myths which shape thought and action and history the question becomes much more complicated. Every telling of a myth is a part of that myth: there is no Ur-version, no authentic prototype, no true account. Pizan's Medea is as mythically true as Euripides'* (8).

Étant donné cette multiplicité attribuée au récit mythico-littéraire, le mythe de Médée se veut foncièrement soumis aux procédés de transposition, de réappropriation et de supplémentarité que lui font subir Pizan et Plath. La littérature du mythe, ou encore la mythopoesis, s'associe d'emblée à la recontextualisation (Eissen 7). Elle se veut une réitération, « une esthétique de la récupération et du recyclage[30] », ce qui vient différencier le récit mythique de tous les autres, selon A. J. Greimas.

Bien que l'étude des mythes ait occupé une grande place dans la théorie structuraliste (on pensera notamment aux *Mythologiques* lévi-straussiennes), la pensée poststructuraliste nous paraît d'autant plus instructive sur l'idée de répétition mythique, à la base de toute idée que nous avons de la mythopoesis. Gilles Deleuze note la différence ou le changement de contexte déjà issu de l'acte même de la répétition narrative. Quant à lui, Michel Foucault rappelle qu'aucune généalogie, mythique ou autre, ne dévoile d'origine. Elle émet plutôt une trajectoire accidentelle, une hétérogénéité qui dérange et disperse cette origine (Godard 79-80). Si le mythe comme « bricolage », encore au dire de Lévi-Strauss, est « une incessante reconstruction à l'aide des mêmes matériaux » (*La pensée* 31), toujours

---

30.   Christine Jérusalem, cité dans Eissen et Engélibert, p. 9.

est-il que, dans le mythe littéraire, il s'agit d'une différence dans la continuité :

> [N]on seulement le récit mythique réitère fortement certaines formules, certaines séquences, certains rapports, mais encore il a le pouvoir de produire d'autres récits issus de lui par la reprise de ses éléments constitutifs (ce que Lévi-Strauss appelle les "mythèmes"). Cette réitération même invite à la comparaison (Brunel, *Mythocritique* 31).

Pour emprunter cette fois à Roland Barthes, celui du projet sémiologique des *Mythologies*, « il n'y a aucune fixité dans les concepts mythiques : ils peuvent se faire, s'altérer, se défaire, disparaître complètement » (193), une flexibilité sémantique, devenue, selon Panoff, « irritante » et dépourvue de sens (dans Brunel, Préface 8).

Nous abordons la notion de mythe précisément dans son rapport dynamique, changeant et productif à la littérature. Nous pensons le mythe en tant que récit traité, modifié, adapté et transposé par les nouvelles significations et les variations proposées par les auteures que nous examinerons plus loin. Pour citer Gilbert Durand, le mythe se veut un « système dynamique de symboles, d'archétypes et de schèmes, système dynamique qui, sous l'impulsion d'un schème, tend à se composer en récit » (ct. ds. Brunel, Préface 8) – soit en mythopoesis.

Des mythopoesis au féminin

On ne pourrait assez insister sur l'importance, pour la pensée féministe, de cette notion de flexibilité attribuée au mythique. En remontant à l'analyse de Beauvoir du « manichéisme [qui] s'introduit au sein de l'espèce féminine » (311), l'on constate les faces opposées de l'Éternel Féminin et surtout la pluralité inhérente du mythe de la femme. Ce dernier est doté d'innombrables « archétypes qui prétendent chacun enfermer sa seule Vérité » (Beauvoir 396) alors que se révèlent les glissements

contradictoires des types sociaux et leur construction imaginaire. Au sujet du mythe féminin éternel poétisé par Baudelaire,
Barthes décrie à son tour : «sûrement pas : on peut concevoir
des mythes très anciens, il n'y en a pas d'éternels» (*Mythologies*
182).

L'analyse de Beauvoir a cédé sa place à une riche lignée de
réinterprétations féministes des mythes féminins. Dès 1969, Kate
Millet fait paraître sa propre critique élaborée des symboles
patriarcaux de la femme. Par la suite, une foule de tenantes
féministes, notamment du monde anglophone, s'est entretenue
non seulement sur les préjugés des mythographes, mais aussi sur
la malléabilité et la réécriture au féminin des récits mythiques.
La gynocritique lancée par Mary Daly a eu un effet considérable
sur les travaux de symbolisation féministe à l'égard des mythes
féminins tels que les muses, les furies, les harpies ou les ama-
zones. La gynocritique des mythes féminins s'est poursuivie
dans les travaux de Carol Christ et de Barbara Walker, et selon
la perspective africaine et amérindienne respectivement, d'Audre
Lorde et de Paula Gunn Allen. Hélène Cixous a laissé son
empreinte avec la réclamation de sa méduse riante et subversive et Julia Kristeva s'est penchée sur l'évolution archaïque et
judéo-chrétienne du culte de la Vierge Marie dans *Stabat Mater*.
Le mariage des mouvements écologique et féministe de fin de
siècle a pris la relève en politisant davantage la symbolisation
mythique au féminin[31]. Pour sa part, la figure fictive et hybride
du cyborg, machine animale et humaine proposée par Donna
Haraway, a conduit l'incursion féministe dans le langage mythique
vers une pensée postmoderne.

À propos du regard qu'a porté le féminisme sur les ouver-
tures multidimensionnelles du mythe, nous ne pourrions passer
outre l'importance d'Antigone, notamment la protagoniste de
la tragédie de Sophocle, pour laquelle plusieurs féministes ont

---

31. Voir les travaux de Merchant ainsi que de Diamond et Orenstein.

pris fait et cause. Dans plus d'un de ses écrits[32], Luce Irigaray parvient à distinguer dans le mythe d'Antigone des actions ainsi qu'un langage délibéré de défi vis-à-vis l'autorité de l'État et du patriarcat. Antigone, rappelons-le, viole la règle établie par Créon en enterrant son frère Polynice, acte qu'elle assume pleinement et ouvertement lors de l'enquête du roi, et non sans évoquer la lucidité assumée de Médée. Pour la punir de son crime, le roi ordonnera l'emmurement vivant d'Antigone qui mettra fin à ce supplice en se suicidant. Plus récemment, l'essai de Judith Butler, *Antigone's Claim*, pousse davantage la réflexion philosophique sur cette figure mythique qui lui sert d'exemple fort nuancé « *of a certain feminist impulse* » (1). Or, comme l'observe Butler, au potentiel révolutionnaire d'Antigone vient se soustraire la complicité même de l'héroïne avec les structures de pouvoir et le discours juridique contestés. Autrement dit, l'autonomie d'Antigone n'est jamais entièrement autonome, voire la souveraineté de ses actions se confronte au fait qu'elle incarne les mêmes normes contre lesquelles elle s'insurge : « *As Antigone emerges in her criminality to speak in the name of politics and the law: she absorbs the very language of the state against which she rebels* » (5). Comme le précise davantage Butler, « *Her agency emerges precisely through her refusal to honor his command, and yet the language of this refusal assimilates the very terms of sovereignty that she refuses* » (11). La radicalité d'Antigone ne provient donc pas tellement de son défi de l'autorité civile, mais de sa perturbation des normes filiales et sexuelles, de leur entrée dans la sphère politique et alors de la démonstration qu'elle fait de leur mutabilité[33]. Selon Butler, l'Antigone de

---

32. Notamment, *Éthique de la différence sexuelle, Sexes et parentés* et *Spéculum de l'autre femme*.
33. Ainsi Butler écrit-elle : « *Antigone's power, to the extent that she still wields it for us, has to do not only with how kinship makes its claim within the language of the state but with* the social deformation of both idealized kinship [voire la filiation divorcée de l'État] and political sovereignty

Sophocle bouscule les postures traditionnelles de la filiation, servant ainsi de tremplin théorique pour concevoir différentes structures familiales, soit gaies, lesbiennes, adoptives ou mono-parentales. Antigone ne fait pas tout à fait figure d'héroïne *queer*, convient la philosophe des *gender studies*, mais cette figure mythi-cotragique démantèle considérablement l'hétérosexualité nor-mative de la filiation.

Les études d'Irigaray et notamment de Butler s'arrêtent davantage sur les dimensions filiales et sexuelles de la figure mythique que sur les procédés de sa mythopoésis. Mais les constats à l'endroit de l'automonie d'Antigone, ce que nous nommerons plus tard son agentivité, anticipent les probléma-tiques éthiques que nous attribuerons aux actions de Médée. L'appropriation du discours de l'autre, soit du système contesté pour justifier ses actions, sous-tendra également les différentes Médées à l'étude. Par ailleurs, comme le rappelle Butler, la fatalité du destin d'Antigone, en tant que fille d'Œdipe et donc membre d'une fratrie attique déjà maudite par les dieux, vient à son tour atténuer l'effet de sa souveraineté. Nous y reviendrons, puisque Médée se trouve elle aussi au confluent de forces opposées : sa propre autonomie se confronte non aux décrets divins relatifs à son héritage mythologique, mais tout de même au détermi-nisme de son encadrement social.

Nous sommes en définitive bien loin de la mythopoesis telle que la définit Henry Slochower. Ce dernier trouve dans les mythes l'origine de la nature humaine ainsi que des valeurs sym-boliques transcendantes de l'histoire. Rien de moins vrai, surtout à la lumière de la décortication théorique que nous venons de sonder dans l'essai de Butler sur le mythe d'Antigone, « not quite a queer heroine » (72), selon la philosophe. Ainsi Barthes

[voire le politique séparé de la filiation] that emerges as a consequence of her act. […] *she exposes the socially contingent character of kinship* » (6).

constate-t-il à son tour que « c'est l'histoire humaine qui fait passer le réel à l'état de parole », car :

> c'est elle et elle seule qui règle la vie et la mort du langage mythique. Lointaine ou non, la mythologie ne peut avoir qu'un fondement historique, car le mythe est une parole choisie par l'histoire : il ne saurait surgir de la "nature" des choses. (*Mythologies* 182)

Par rapport à l'histoire du passé, la mythopoesis au féminin s'avère en effet un outil révisionnel fondamental. Adrienne Rich rappelle ainsi :

> *Re-vision – the act of looking back, of seeing with fresh eyes, of entering an old text from a new critical direction – is for women more than a chapter in cultural history : it is an act of survival [...]. We need to know the writing of the past, and know it differently than we have ever known it; not to pass on a tradition but to break its hold over us* (Rich, « When » 35).

De son côté, Rachel Blau DuPlessis porte à l'attention la mythopoesis au féminin et notamment les « *tactics of revisionary mythopoesis* » posant une délégitimation de tout universalisme accordé au mythe : « *Narrative displacement is like breaking the sentence, because it offers the possibility of speech to the female in the case, giving voice to the muted. Narrative deligitimation "breaks the sequence"* » (108). Mais il y a aussi une délégitimation de tout universalisme accordé au soi alors que la mythopoesis au féminin force le décentrement du sujet qui assure la parole mythique.

Médée sujet

Quant à Médée, on y trouve l'incarnation même de la mythopoesis. Car Médée est manifestement l'héritière d'une légende inventée par les autres – « ce nom [...] laissé, en héritage », constatera la Médée de Monique Bosco dans *New Medea* (10).

Révisée, débattue, déconstruite et transformée par une multitude
de voix et de subjectivités ainsi que par la spécificité contextuelle
de ses diverses incarnations, Médée est le résultat instable d'une
polyphonie imprévisible. Par exemple, les « voix » affairées à
ériger la légende d'une Médée sans conscience, coupable de
fratricide et d'infanticide dans *Medea: Stimmen* (*Médée : voix*)
de Christa Wolf, en feront le souffre-douleur d'un palais qui
« est un lieu aux cent oreilles et aux cent bouches, et chacune
d'elles chuchote quelque chose de différent » (278). Ou encore,
dans le roman *Petroleum* de Bessora, on lira tout naturellement
que « la réputation de Médée la précède » (13). L'énoncé est
juste en ce qui concerne l'intrigue du roman de Bessora et au
sens plus large : Médée, mythique, est déjà précédée par son
existence infâme dans l'imaginaire. Or, la question que nous
poserons plus loin dans cette étude est : Médée est-elle forcément
déterminée par sa propre préséance mythologique ? Une chose
est sûre, la mythopoesis divulgue le sujet dans toute sa fragmentation, évoquant le *Dasein* ou l'être-là heidégérien, cet « éclair
ontologique dans un horizon de paroles absorbées par le temps »
(Durante 157).

   Comme le laissent entendre les « cent oreilles » et « cent
bouches » chez Wolf, la mythopoesis recoupe avec le dialogisme
de Mikhaël Bakhtine, soit cette notion de la pluralité des voix
et des idées dans un seul texte. Chez Bakhtine, il y a « le refus
de tout discours achevé, fermé sur lui-même, qui emprisonne
la vérité dans le monologue, c'est-à-dire dans le monde clos
d'une conscience » (Aucouturier 14 ; nous soulignons). Dans
Seméiotikè, Julia Kristeva reprend ces constats dans sa notion
d'intertextualité alors que l'idée de « croisement dans un texte
d'énoncés pris à d'autres textes » (ct. ds. Angenot 123) nourrit
sa pensée sur la subjectivité toujours « en procès »[34]. Comme

----

34. Voir aussi sa préface à *La Poétique de Dostoïevski*. L'intertextualité informe
    la pensée de nombreux chercheurs (notamment Paul Zumthor et Michael
    Riffaterre), quoique Marc Angenot nous mette en garde contre l'« instabilité

« transposition […] d'énoncés antérieurs ou synchroniques »
(Kristeva, ct. ds. Angenot123), comme travail « opératoire » et
fonctionnel, distinct « d'une vieille philologie des sources »
(Angenot 129), l'intertextualité vient certes s'ajouter à notre
compréhension de la mythopoesis. Située dans « le champ intertextuel du discours social » (131), selon Angenot, Médée *sujet*
vient représenter ce « lieu d'interférence de lexies hétérogènes
où la signification naît de contiguïtés conflictuelles » (131-32).
Le sujet moïque, c'est-à-dire le « *Sujet* fondateur, propriétaire
du Logos, de l'Auteur et de l'Œuvre » (Angenot 130), est mis
en cause précisément par « l'idée de texte [mythique] comme
dispositif intertextuel » (Angenot 130). Toujours multiple et
distribuée parmi ses différentes instances discursives, Médée se
veut donc un sujet polyphonique, ce qui nous incitera plus tard
à lui découvrir cette antinomie ontologique que Butler décèle
chez Antigone.

Ainsi, la mythopoesis constitue Médée pour encore la
défaire et la reconstituer par l'entremise de ses pratiques inter-
textuelles. Encore à l'instar de la modification existentielle de
l'étant selon la théorie du *Dasein*, le sujet mythique est privé
d'un « je à soi-même ». Il se veut plutôt, pour reprendre la pensée
d'Heidegger et de plusieurs autres philosophes de l'ontologie
après lui, un « je » parmi plusieurs autres. Dans nos Médées à
l'étude, qui dit « je » le dit fort difficilement et est toujours arbitré
par l'autre : « Je me dis, je suis Médée, la magicienne, si c'est cela
que vous voulez. La sauvage, l'étrangère » (Wolf, Médée 236).
Ou alors, qui dit « je » ne se manifeste que par fragments d'énon-
ciations. Elle se veut un tantinet ontologique, parsemée dans le
temps et le langage. « Médée. C'est moi. Moi. […] Médée. […]
Je suis Médée. […] Médée. C'est moi » (9-14), lira-t-on dans

terminologique, ces glissements de vocabulaire » (132) qu'ont légués
divers groupes théoriques s'étant approprié sans toutefois sonder le
concept d'intertextualité de façon rigoureuse (exception faite à Zumthor
et Riffaterre).

l'ébauche pour un drame de Monique Bosco. Médée, c'est le
sujet (au dire existentiel) emmuré par l'autre, soit le sujet d'une
légende racontée par un coryphée bien euripidien placé au
cœur de plusieurs textes que nous analyserons – un coryphée
qui s'avère néanmoins sélectif et fragmentaire, occultant le soi
qui n'arrive plus toujours à se reconnaître.

Une mythocritique comparative

Enfin, c'est à partir d'une conceptualisation du mythe en matière
de répétition, de dynamisme et de supplémentarité que se
développe notre approche comparative à essors « mythocri-
tiques », un néologisme promu par Gilbert Durand. S'avère
fondamental notre éloignement des fonds normatifs, cultura-
listes et anthropologiques – des « schèmes et archétypes fonda-
mentaux de la psyché du sapiens, la nôtre » (Durand, ct. ds.
Koua 20) – traditionnellement associés à la mythocritique.
Désirant se démarquer de la rigidité de toute méthode qui
tracerait purement la constance ou la permanence du mythe
dans le texte littéraire, notre approche adopte une perspective
féministe, qui tente d'aborder Médée dans toute son instabilité
figurative et narrative. Elle s'ouvre à l'indétermination et surtout
à la mutation du récit mythique que nous tenons comme
toujours souple et provisoire, fragmentaire et multiple. Il s'agit
d'une mythocritique féministe se voulant d'autant plus une
approche comparative aux textes contemporains de femmes
de divers horizons[35]…

---

35. Nos recours à la psychanalyse, particulièrement pour ce qui concerne la
     mère mélancolique et son rapport trop immédiat avec l'enfant dans
     certaines œuvres retenues, ne rejoindront pas, cependant, les modalités
     de la mythanalyse (analyse de la psyché collective, par exemple, l'imagi-
     naire jungien) telle que l'entendait Denis de Rougemont et la revendiqua
     Gilbert Durand. Au sujet de la mythanalyse, voir aussi Brunel, *Mytho-
     critique*, p. 38-47.

On ne saurait suffisamment insister sur l'utilité fondamentale du comparatisme à l'étude des mythes. Le jumelage
des études mythologiques aux études comparées n'est certes
pas nouveau, préconisé d'abord par Dumézil « qui fondait la
"nouvelle mythologie comparée"» dès ses premiers écrits
(Littleton, in Dubuisson 31). L'approche comparative permet
« d'échapper aux contraintes d'époque ou de lieu géographique »
ainsi qu'aux « contraintes de "genre"» (Lagoutte 438) sans oublier
les chasses gardées littéraires. « [L]'étude des mythes est un des
champs les plus riches du domaine comparatiste », affirme Brunel
(« Introduction » 29). Ne revient-il pas à la comparatiste de
recenser les occurrences mythiques dans ses diverses incarnations
ou encore ses multiples réitérations, non seulement culturelles,
mais aussi transculturelles ? De tracer leurs passages d'une
langue, d'une littérature et d'une civilisation à une autre[36], un
exercice qui serait forcément restreint s'il était limité à un seul
cadre littéraire ?

Assurément, nous travaillons à partir d'une conceptualisation élargie du récit mythique tout en tenant compte du
fait qu'« [i]l y a bien des degrés entre l'explicite pur et le non-
explicite » (Brunel, *Mythocritique* 76). Une analyse comparative
doit cerner les mythèmes patents et latents (à la Lévi-Strauss),
ce que Brunel, dans *Mythocritique*, nomme les irradiations, les
effleurements ou les rayonnements sous-textuels, aussi bien que
l'émergence précise du mythe médéen. Ce faisant, le comparatisme peut d'autant plus mettre en lumière la figuration irréductible, hétérogène et transculturelle de Médée.

꧁꧁꧁꧁꧁꧁꧁꧁꧁

---

36. Brunel, « Introduction », p. 30.

Chapitre 2

La Médée d'Euripide

T RAGÉDIE jouée pour la première fois à Athènes en 431 av.
J.-C, la Médée d'Euripide est aussi le titre de la traduction
contemporaine de Marie Cardinal, écrivaine française reconnue
pour ses préoccupations psychanalytiques relatives au langage,
à la folie et à l'étrangeté au féminin[37]. Ce chapitre s'inspire de
certaines lectures féministes de la tragédie d'Euripide en privi-
légiant la traduction de Cardinal du texte grec, une version qui
révèle le grand attrait de la *Médée* antique pour une pensée et
une écriture féministes sur le mythe.

Alors que, chez les tragédiens latins comme Sénèque, la
Medea proposera une monstrueuse et cruelle figure d'inversement
stoïque[38], image reprise par la tragédie classique de Corneille
et la moderne d'Anouilh entre autres, le portrait qu'offre Euripide
de Médée est celui d'un personnage humain et lucide, malgré
son crime quasi impensable[39]. Ce qu'on retire de la tragédie

---

37. On n'a qu'à penser au récit le plus connu de Cardinal, *Les mots pour le
    dire*. Voir aussi l'étude de Roch.
38. Voir Nussbaum. Par ailleurs, la philosophie et la poétique de Sénèque ne
    permettaient pas l'insertion du mythe dans un contexte social pertinent
    aux questions politiques du jour comme chez son prédécesseur grec,
    Euripide; voir aussi Mimoso-Ruiz, p. 256-57.
39. Fait remarquer Marianne McDonald : « Aeschylus shows god questioning
    god, Sophocles shows man questioning god, and finally Euripides shows
    man questioning himself » (*Ancient* 13).

d'Euripide est justement cette lucidité de Médée : si elle tombe
dans l'excès et la démesure, elle ne manque jamais d'assumer
pleinement ses actions, soit ce destin fatal auquel elle a contribué,
mais duquel elle ne peut plus dévier. Engagée à l'extrême, à
l'action horrible de son filicide, Médée fait figure d'héroïne
tragique. Toutefois, comme nous le verrons ci-dessous, l'humanité ou encore l'humanisation de Médée dans ses multiples
réincarnations ne vont pas de soi. Mais à l'instar de l'adaptation du mythe selon Euripide, Marie Cardinal ne fait pas de sa
Médée une sorcière, une déesse, un monstre, une folle pour
expliquer (ou encore pour balayer sous le tapis) le meurtre des
enfants. L'auteure ne nous tire pas aussitôt d'embarras quant à
cette figure infanticide indéniablement difficile à saisir.

   La Médée d'Euripide compte trois parties : un avant-propos
détaillé par Cardinal, une « traduction en prose » de la tragédie
antique basée sur le texte grec ainsi que la traduction littérale de
l'édition Guillaume Budé et, enfin, un entretien avec l'auteure,
mené par Hélène Pednault. Or, cette traduction bien contemporaine se veut une véritable transposition interprétative, néanmoins « fidèle » à la teneur de la pièce antique. À vrai dire, dans
son effort de « restituer différemment » (Cardinal, *La Médée* 117)
le texte grec en supprimant une métrique jugée « intraduisible »
(116), le projet de création de Cardinal suit « pas à pas le texte
d'Euripide. Pas à pas, mais pas mot à mot » (125). Il s'éloigne à
la fois de la traduction et de l'adaptation et rejoint, par le fait de
« fabriquer de la Culture » (32), les modalités de la mythopoesis.
Tout comme le mythe, et celui de Médée notamment :

> La Culture n'est pas à subir, elle est à digérer, à connaître, à
> comprendre et, surtout, à faire. Il est inévitable qu'elle soit.
> Elle marche sans arrêt, elle se nourrit de ce qui est nouveau,
> mêle le nouveau à l'ancien, fournit ainsi un produit qu'on
> appelle moderne, et continue sa perpétuelle digestion des
> œuvres des gens [...] elle est en perpétuelle gestation, elle
> est inépuisable... (Cardinal 32)

Il n'est donc pas simplement question d'un passage du vers à la prose dans cet ouvrage de Cardinal. Sa *Médée* s'éloigne à la fois de la traduction et de l'adaptation et fait valoir l'aspect multidimensionnel de la mythopoesis. Enfin, conçue plutôt comme réécriture, la « traduction » de Cardinal lui permettra une certaine flexibilité en ce qui concerne la représentation du personnage même de Médée.

Médée admissible

Il n'existe certainement pas de pénurie d'interprétations en ce qui a trait au meurtre des enfants de Médée. Léon Mallinger propose que la vengeance de Médée soit considérée comme une juste et « sainte indignation » vu la « noblesse de son caractère » (Mallinger viii). D'autres critiques balayent l'infanticide sous la donnée de la perversion d'une vilaine sorcière ou encore d'une méchante déesse en vue de sa fugue spectaculaire à la fin de la tragédie d'Euripide[40]. Selon Jennifer Jones, qui s'est penchée sur la femme criminelle dans la culture populaire, une telle désignation d'étrangeté « alchimique » se voudrait une manière de désavouer la colère et la violence féminines :

> Medea's desire to punish those who would deprive her of her role as wife is seen as vindictive and unwomanly. Only an unnatural woman would rise against a system that is so much stronger than she. Her role as outsider and sorceress is central to the framing of her rebellion. Medea needs the aid of magic and sorcery to poison the "pure" womanhood of Creon's daughter. Medea's assertion of self is "foreign," "alchemical," and outside the boundaries of accepted female behavior. (xii)

La violence de la femme demeure ainsi toujours étrangère et incompréhensible. La femme qui tue, selon Jones, transgresse toutes les attentes liées à son sexe.

40. Voir Foley, Bongie et Reckford.

Alors que nous nous interrogeons sur la pertinence de la
Médée d'Euripide dans l'écriture féminine actuelle, le texte de
Cardinal nous permet de déceler la raison pour laquelle cette
tragédie serait un intertexte si récurrent. Bref, l'attrait de la
tragédie grecque n'est pas seulement dû au fait qu'Euripide fut
le premier à faire de l'infanticide le motif principal du mythe
(Koua 36). En outre, selon Catharine Stimpson, « *The writer who
stamps her identity is Euripides* » (50). Mais en plus de cela,
Euripide fut le premier à accorder une importance fondamentale à la condition sociale de cette femme « barbare » parmi les
Grecs, cette Colchidienne en exil. La tragédie d'Euripide met
en scène un drame *humain*, celui d'une femme et d'une mère
humaines, dont les actes ne sont pas décrétés par un dieu ou
encore par une quelconque disposition monstrueuse ou excep-
tionnelle, mais font partie du quotidien. C'est ce que Cardinal
tente d'avancer dans son avant-propos :

> C'est comme ça que j'expliquais la voracité avec laquelle celle
> qui, en moi, écrit des hurlements et des rêves, s'était jetée
> sur le texte d'Euripide. Je m'identifiais à sa Médée, je m'ima-
> ginais être cette femme dans sa tragédie de femme, j'étais le
> personnage principal d'un drame écrit par un Méditerranéen.
> La Cardinal allait savoir évoluer là-dedans avec la syntaxe et
> la mémoire de son sol, parce que cette syntaxe et cette mémoire
> sont en elle, depuis sa conception… (9)

Un constat pareil peut bien paraître tout au moins ténu vu
les extrémités de Médée. Or, le dernier tabou ne serait-il pas
celui de la mère infanticide ou encore filicide, de celle qui tue
son propre enfant ? Aussi, cette mère criminelle ne demeure-
t-elle pas occultée dans nos discours sociaux sur la maternité
et la filiation ? En effet, Médée est pour ainsi dire censurée en
ce qui concerne l'intrigue de la tragédie euripidienne alors que
Jason, Créon et même le chœur se refusent à croire ses intentions infanticides qu'elle annonce, pourtant, clairement et à

plusieurs reprises dans ses répliques[41]. Comme l'indique le chœur :

> D'où viendrait telle audace en ton âme, en ta main
> que tu puisses frapper d'un affreux attentat
> le cœur de tes propres enfants ?
> Pourras-tu, les yeux dans leurs yeux,
> rester sans larme et dans le meurtre t'obstiner ?
> Quand tes fils à genoux te prieront
> tu ne garderas pas un cœur si résolu
> que leur sang te trempe la main. (Euripide 855-62)

Contemplons alors le mot filicide, plus spécifique que le terme parricide (mort donnée à un ascendant ou à un descendant) et même infanticide (mort provoquée du nourrisson par le père ou la mère, ou simplement meurtre générique des enfants). Toujours absent des grands dictionnaires, phénomène inédit, le filicide signifie le meurtre par les parents de leur fils ou de leur fille après l'âge néonatal (Corloni et Nobili 25). Que le terme filicide demeure aujourd'hui insolite, sinon inconnu, témoigne de son occultation générale de notre culture. Ce « qui est déjà à l'œuvre dans l'occultation linguistique » du mot (Corloni et Nobili 12) se veut une « censure qui opère en chacun de nous et qui exprime le besoin impérieux d'être rassuré sur la solidité de l'instinct maternel » (60), d'où le filicide demeurerait un « processus psychotique de nature inexplicable » (Corloni et Nobili 10). En revanche, alors qu'elle dit s'identifier avec Médée, Cardinal tente de souligner la pertinence du cadre social, culturel et historique de la mère infanticide, comme en tient compte Euripide dans sa tragédie. Enfin, une telle admissibilité discursive, qui donne lieu à l'humanisation de la Medea, porte « atteinte au plus profond des préjugés » : celui de « l'amour maternel,

---

41. Lillian Corti dans *The Myth of Medea* et Corloni et Nobili en font également la remarque.

amour qui ne ferait défaut que dans des cas exceptionnels, des cas pathologiques d'absolue irresponsabilité » (Corloni et Nobili 10).

De la monstruosité

Ce qui nous intéresse d'abord, c'est de voir à quel point le personnage de Médée subit une *déshumanisation* mythique en ce qui concerne l'intrigue de la tragédie d'Euripide et encore de la réécriture de Cardinal. Cette manière d'aborder Médée, par ses mythographes et aussi par les autres personnages de la tragédie, est intrinsèquement rattachée au statut d'étrangère de la Barbare colchidienne. En sondant davantage la vénération de Médée pour « Hécate qui habite au plus secret de mon foyer » (Euripide 397), Cardinal fait envisager à Médée sa propre déshumanisation telle qu'elle sera effectuée par ses maintes réincarnations artistiques et qui viendront réduire son crime au geste d'un monstre maléfique :

> Vous vous souvenez : du temps des anciens Hécate était une déesse bienveillante, et puis elle a changé. Non, elle n'a pas changé, on l'a changée, maintenant on la craint, on la dit capable des pires maléfices. Parfois, à la croisée des chemins, on la représente comme une femme monstrueuse, qui a trois têtes. Eh bien moi, je serai comme elle, je me ferai mauvaise et il me faudra trois têtes pour commettre mes trois meurtres [celui de son frère et de ses fils]. (65-6)

En rappelant ici la figure d'Hécate aux procédés de sa mythopoesis, Médée anticipe sa propre transformation mythique en véritable monstre. Par ailleurs, à la lecture du texte d'Euripide, l'on pourrait croire que la capacité innée des femmes à faire du mal est un « fait » utile à quiconque cherchant à expliquer, ou du moins à refréner, la nature intenable de ses gestes criminels : « si la nature nous a faites, / nous les femmes, sans aptitudes pour le bien, nous sommes très savantes artisanes du mal »

(Euripide 148-50). Cardinal transpose ces vers non sans l'ajout d'une teneur foncièrement sardonique : « Et, après tout, puisqu'il paraît que les femmes sont incapables de faire le bien, qu'au moins on nous laisse le privilège de faire le mal mieux que quiconque » (66). Comme le fait comprendre Cardinal, il va de soi qu'un monstre est monstrueux, mais un constat pareil ne saisit en rien les réelles motivations ni les conditions socio-culturelles rattachées au dénouement tragique de cette intrigue.

Toujours sur le plan de l'intrigue du récit mythique, la déshumanisation de Médée se poursuit par le fait même de sa connaissance du *pharmakon* (poison ou médicament en grec). Guérisseuse, « figure venue d'un "ailleurs" inquiétant » (Mimoso-Ruiz 23), et donc un peu sorcière, Médée incarne un savoir dissident et menaçant. Bref, elle est perçue comme une figure d'altérité, sa féminité barbare étant issue de son rapport à l'errance et à l'inconnu[42]. Médée l'étrangère est certes dénigrée et refusée comme être humain à part entière par sa société d'accueil, état de fait que Jason vient confirmer lorsqu'il apprend le meurtre des enfants. Selon lui, le filicide de Médée ne s'explique que par le fait même de sa barbarie, voire de son étrangeté : « Jamais il ne se fût trouvé de Grecque / pour oser » un tel geste (Euripide 1339-40). Médée ne peut être que cette véritable bête, pire qu'un monstre – « une lionne et non une femme, / plus sauvage que la Scylla du détroit tyrrhénien » (Euripide 1342-43), énoncé transposé avec l'aplomb caractéristique de Cardinal :

> Jamais une femme grecque n'aurait commis une telle mons-truosité, jamais !
>
> Maudit le jour où je t'ai embarquée sur mon beau bateau !
> Maudit le jour où je t'ai préférée à une femme de mon pays.
> Tu n'es pas une femme, tu es une lionne sanguinaire, tu es une sauvage ! (104).

---

42. Voir aussi Mimoso-Ruiz sur ce « rapport privilégié de Médée avec le monde de l'errance » (23).

Par ailleurs, Lillian Corti constate le potentiel déshumanisant de la relation maître-esclave caractérisant le rapport entre la Barbare et le roi de Corinthe dans la tragédie euripidienne. Dans sa lecture du Premier épisode dans lequel Créon commande à Médée de s'exiler de la cité avec ses enfants, Corti propose : « *The abject obedience he demands could only be expected of a child, a slave, a beast, or a woman*» (*The Myth* 31)[43]. Par ailleurs, Médée est facilement un bouc émissaire, distingué par le fait même de sa dépossession culturelle[44] et sur lequel la société grecque vient projeter à la fois ses craintes et ses désirs. On la considère comme celle qui incarne d'emblée la magie noire et le mystère, le *pharmakon* d'une maléfique sorcière, précisément par son alliance aux cultes préhistoriques d'Hécate et d'Héra, héroïnes de récits mythiques sacrificiels tout particulièrement reliés à l'infanticide (Cori 13)[45]. On verra ainsi chez Euripide Médée se résolvant à tuer ses deux fils « en employant la force ouverte / par la Dame que je vénère / entre tous les dieux et que j'ai prise pour alliée, / Hécate qui habite au plus secret de mon foyer » (394-97). Le fait d'être aussi associée à la figure de la sorcière renforce la marque de l'Autre non grecque sur Médée,

43. En plus de cela, exilée de sa terre natale étant donné ses transgressions contre la maison de son père (le roi de Colchide), la princesse orientale viendrait rejoindre, toujours au dire de Corti, la figure du Juif errant, non seulement associée à la fuite et à l'isolation, mais aussi au rite du sacrifice humain et animal (*The Myth* 12-3) – comme l'est, d'ailleurs, la sorcière des contes et légendes, avide dévoreuse d'enfants.

44. « *The fact of being dispossessed is the distinguishing feature of the scapegoat*» (Corti, *The Myth* 14-5).

45. Inspirée par une étude de Lewis Richard Farnell, Corti ajoute ainsi : « *such myths as those of Iphigeneia and Medea are, themselves, survivals of prehistoric cults in which the "practice prevailed of paying posthumous worship to the human being that had been offered to the deity in sacrifice". Thus, the children of Medea "may represent infants immolated in the prehistoric period in the worship of Hera Akraia at Corinth" (18). Medea, then, by virtue of her association with Hecate and Hera, is doubly implicated in traditions of sacrificial killing*» (*The Myth* 13).

la rattachant davantage à son ethnicité barbare (Stimpson 51).
Enfin, l'identification de la mère filicide aux archétypes infanticides, telles l'étrangère orientale ou la sorcière dévorante, ne
serait-elle pas encore une tentative d'atténuer et de contenir son
aspect intenable ? Un reniement de la destructivité, à la fois
commune et répandue, et non rare ou surhumaine, des adultes
envers les enfants (Corti 9) ?

Si la déshumanisation, telle qu'effectuée par Jason ou Créon,
saisit toute l'ampleur de la barbarie de Médée eu égard à son
positionnement social, son inversement (soit l'humanisation
du personnage) explique l'empreinte d'Euripide sur les adaptations et les réécritures contemporaines, tout particulièrement
celles des femmes. En écartant ses tragédies de toute notion de
forces divines agissant sur une humanité sans défense, Euripide
humanise sa tragédie en responsabilisant ses personnages ainsi
que les forces sociales, en grande partie déterminantes celles-là,
à l'œuvre dans leur chute. Selon Cardinal, c'est justement en
raison de cet écart, soit cette banalisation du monde mythique,
qu'Euripide « dérange » alors qu'il insiste d'emblée sur l'intervention de « la passion et [du] hasard » dans la vie de ses personnages : « En soutenant ce point de vue, il se démarque d'Eschyle
et de Sophocle. Il est subversif. […] Il ne pense pas comme les
autres » (Cardinal, *La Médée* 21). Par là même, Euripide transgresse le tabou de l'infanticide soutenu par maintes supposi-
tions sur la maternité, la filiation et la culture en général. Tabou
fondé sur la dénégation de la « pertinence humaine » (Corti ix)
de l'infanticide et de sa récurrence historique et mythique
qu'Euripide met en lumière et souligne d'ailleurs en rappelant
les mythes de Sisyphe, d'Érechthée et d'Ino (*Médée* 405, 824-25,
1282-83) dont les intrigues infanticides auraient été bien connues
par le spectateur ancien[46].

---

46. Le mythe d'Ino a certes son plein d'échos infanticides. Seconde femme
     du roi d'Orchomène, Ino se trouve être l'une des sources connues de
     la légende de la Toison d'or, cadre arrière de la tragédie d'Euripide.

L'autre maternité

On ne pourrait contester l'abondance des traitements littéraires de l'infanticide. Soulignant la préoccupation commune – plutôt que la rare pathologie individuelle, « là une manière de se tirer d'embarras qui, au fond, n'explique rien » (Corloni et Nobili 60) – au cœur des récits d'infanticide, Corti cite de nombreux contes païens et modernes, mythes de création, récits bibliques, tragédies littéraires et récits fictifs plus récents (Achebe, Updike, Morrison, Bâ) mettant en scène la mort donnée aux enfants par des adultes, « *a reflection of the actual human experience of violent hostility toward children* » (Corti, *The Myth* 1). Comme le fait aussi remarquer Stimpson, « *infanticide and child killing – whether committed by public authority or private agency – are arguably historical constants* » (51). De leur côté, Corloni et Nobili citent les lois qui auraient permis l'infanticide avant le IVe siècle après J.-C. ainsi que les contes et mythes primitifs et anciens dans lesquels il figure bien en évidence. Si on pense d'abord à Ino, on se rappellera aussi l'« objet d'horreur, de réprobation unanime » (60) qu'est la cruelle belle-mère de Blanche-Neige ordonnant la mort de la princesse et la livraison de son cœur dans un coffret.

De surcroît, Médée représenterait le côté sombre et secret de la maternité : « Infanticide », écrit Germaine Greer, « *is a dark, secret side of motherhood* » (193). Intitulé *Violence: The Heart of Maternal Darkess*, le dernier chapitre de l'ouvrage critique de Rich, *Of Woman Born*, en indique autant, s'élevant contre la violence institutionnelle de la « maternité patriarcale » qui entraîne, selon Rich, des gestes désespérés. « *Motherhood, like*

Nés d'un premier lit et détestés par leur belle-mère cherchant à les sacrifier, les enfants du roi sont enlevés par un bélier à la Toison d'or envoyé par Zeus. La fille, Hellé, tombe et se noie à la mer, mais le fils, Phrixos, se rend jusqu'en en Colchide et offre en cadeau de remerciement la Toison au roi Aiétès, père de Médée.

nature herself, is red in tooth and claw » (193), signale encore
Greer, constat dénié par la culture générale en remontant notamment à Freud, chez qui, au dire de Corti, « *the celebration of
maternal benevolence is quite compatible with the general tendency
of popular culture to stress the positive and mutual quality of love
between parents and children* » (*The Myth* xi). Bref, si Freud insiste
sur les désirs incestueux et parricides de l'enfant (le complexe
d'Œdipe, par exemple), il laisse inédit le désir filicide des parents[47].
Enfin, comme l'indique Catherine Mavrikakis écrivant sur le
Sublime, forcément sublime Christine V. de Duras qui osait
« raconte[r] l'indifférence et même la sauvagerie maternelles » :

> Toute mère est sauvage. C'est ce que nous aurions oublié en
> lui faisant incarner le mythe d'une hospitalité et d'une bonté
> infinie. La mère est animale, archaïque, primitive. Elle met
> bas ses enfants comme une chienne, comme une vache. Elle
> les lèche un peu rapidement mais elle peut aussi les étouffer
> sans y prendre garde dès leur naissance, dans une étreinte
> ou dans un détachement brutal. Le maternel est violent,
> abrupt. Ne l'oublions pas. (« Duras » 28-9)

Selon Corloni et Nobili, Médée viendrait représenter un
« tableau clinique de la mère filicide » (185), étant donné
qu'Euripide « accept[e] toute l'ambivalence de cette figure maternelle, à la fois affectueuse et tendre, cruelle et impitoyable » (190).
Ce serait donc la possibilité d'une relation mère-enfant vouée
au désastre qui se décèle dans la *Médée* d'Euripide, soit la réalisation d'un certain « désir négatif » : « *Infanticide is a worst-case
scenario that functions as the dreadful fulfillment of a* human
*potential implicit in the negative desire Aptekar describes as
"common to all mankind"* » (Corti, *The Myth* xvi ; nous soulignons). Au fait, à la source de ce désir subconscient, présent
depuis la toute petite enfance, selon Corti, serait la peur (réprimée
ou pas) qu'éprouve l'enfant envers l'adulte, véritable « géant »

---

47. Voir Corti, *The Myth of Medea*, p. 16.

à ses yeux. Dans cette perspective psychanalytique, il s'agirait
de reconnaître dans le mythe de Médée la culmination d'un
processus psychologique dont le résultat est, malheureusement,
mais non rarement, la transformation de l'enfant affligé en mère
persécutrice, de la victime en bourreau (*The Myth* 31)[48].

Quel que soit l'appareil théorique adopté, le retour à terre
des figures mythiques, comme on le perçoit chez Euripide,
anticipe « l'entrée du monde contemporain dans le mythe source
[qui] entraîne, d'une manière ou d'une autre, sa déconstruction » (Koua 27)[49]. Aussi s'éloigne-t-on de la réduction de la figure
de Médée, et notamment de la mère filicide, à une occurrence
inexplicable ou encore à une monstruosité surhumaine. Or,
cela n'est pas pour dire que Médée est entièrement dépossédée
de ses racines divines. La *Médée* d'Euripide provient toujours
d'une lignée divine, notamment de la famille du titan Hypérion.
Ce dernier engendre Sélène (la lune) ainsi qu'Hélios (le soleil),
qui engendre à son tour Circé et Aiétès. Depuis ses plus anciennes
incarnations, Médée fait une dernière apparition flamboyante
dans le char tiré par les dragons ailés de son grand-père Hélios,
dieu du soleil, emportant les cadavres de ses enfants sacrifiés.
Dans *La violence et le sacré*, la réflexion de René Girard n'hésite
pas à inscrire l'infanticide même de Médée « dans un cadre
rituel », soit celui du sacrifice :

> Le fait est trop bien attesté et dans un trop grand nombre
> de cultures, y compris la grecque et la juive, pour qu'on
> puisse s'abstenir d'en tenir compte. L'action de Médée est à

48. Par ailleurs, Corti cerne toute une thématique d'hostilité vis-à-vis des
     enfants en général et de leur condition précaire dans la *Médée* d'Euripide.
     Voir encore *The Myth of Medea*, p. 32-34.
49. Dans sa thèse doctorale, Koua examine la désacralisation et la profanation
     d'objets et d'images dans les reprises du mythe de Médée par Anderson,
     Anouilh, Jahn, Koutoukas, Kyrklund, Pabe, Pasolini et Rouquette. Selon
     Koua, si ces textes préservent une certaine dimension sacrale, ils la
     soumettent néanmoins au burlesque.

l'infanticide rituel ce que le massacre des troupeaux, dans le mythe d'Ajax, est au sacrifice animal. Médée prépare la mort de ses enfants à la façon d'un prêtre qui prépare un sacrifice. Avant l'immolation, elle lance l'avertissement rituel exigé par la coutume; elle somme de s'éloigner tous ceux dont la présence pourrait compromettre le succès de la cérémonie (24).

À la fin de sa pièce, Cardinal évoque d'autant plus cet élément ritualiste de la *Médée* d'Euripide, qui, malgré l'étonnant réalisme psychologique de sa tragédie, préserve l'exode fantastique de l'héroïne. Tout comme Euripide, Cardinal désire « respecte[r] les lois de l'écriture dramatique » (Cardinal, *La Médée* 21) du mythe, et donc ses éléments sacrés et héroïques. Ayant déjà souligné sa vénération pour la déesse Hécate, la Médée d'Euripide déclare qu'elle instaurera à Corinthe un culte pour commémorer ses enfants morts : « C'est moi qui dois les enterrer et de ma main / pour que nulle main ennemie ne les outrage / en profanant leur tombe. Et ce pays de Sisyphe / aura désormais à les honorer, à célébrer pour eux des rites / afin d'expier ce meurtre sacrilège » (Euripide 1378- 82); ou encore dans la version contemporaine : « C'est moi qui les enterrerai! De mes mains! Tu entends! Je les enterrerai au sanctuaire d'Héra, la déesse des serments, la protectrice des femmes mariées. Là, je sais que personne ne viendra profaner leurs tombes. Là, ils seront en paix, et respectés! Là je veillerai à ce qu'on les célèbre, chaque année. J'expierai mon crime jusqu'à ma mort! » (Cardinal 106).

Médée en exil

Or, la *Médée* d'Euripide est avant tout « un personnage historique et un objet culturel, […] elle est, surtout, une femme » (Cardinal 29) qui plaide « la cause des femmes! » (31). En plus de vouloir « régler [des] comptes avec les traductions et les adaptations françaises » dites « ennuyeuses » (12), la traduction de Cardinal cherche à faire parler Médée « comme une femme de mes parages » (12). On n'y trouve donc certainement pas « une

érudite de la cour parisienne» (12), renvoi à la célèbre version
de Corneille. Grâce aux répliques contestataires de Médée, le
texte rejette l'image ensorcelée et pathologique que projettent sur
Médée ceux qui l'entourent et qui fabriquent sa figure mythique
et sa renommée infâme à même l'intrigue de la tragédie. Euripide
lui-même accordait une importance primordiale à ses personnages dramatiques ainsi qu'à la condition sociale des femmes
au cinquième siècle athénien. La célèbre complainte de Médée
aux femmes de Corinthe du premier épisode de la tragédie
grecque se veut précisément un exposé des contraintes de la
femme athénienne. Au fait, les limites imposées sur son déplacement physique et sa valeur sociale composent également les
plaintes de Phèdre dans l'*Hippolyte* et de Créüse dans l'*Ion* (Koua
240-41). Mais c'est Médée qui résume le mieux la situation : « De
tout ce qui respire et qui a conscience / il n'est rien qui soit plus à
plaindre que nous, les femmes» (Euripide 230-31). Les difficultés
de la condition féminine se donnent ainsi à lire dans la version
de Cardinal : « Le sort des femmes est le plus misérable de tous
les sorts» (58), mise à nu de la place secondaire reléguée à la
femme, et surtout à l'étrangère, par la cité athénienne.

La tragédie de Médée, celle d'une Barbare colchidienne, se
dégage à partir des problèmes « de l'exclusion et du racisme, des
fléaux de notre temps» (Koua 13). Parmi les mythèmes médéens
s'impose éminemment celui de l'exil et précisément la perte
du pays d'origine. « Il a fallu ce drame pour qu'elle découvre ce
qu'elle a perdu, volontairement perdu!» (50), explique la nourrice
de Médée dans le texte de Cardinal, notant du côté d'Euripide
que « [...] l'épreuve lui a fait / mesurer ce que vaut une patrie
perdue» (34-5). Ce sont bien l'étrangeté culturelle et raciale
ainsi que ses conséquences funestes qui se trouvent au cœur de
la tragédie d'Euripide et de ses transcriptions[50]. Alors qu'elle

---

50. Par ailleurs, cet inachèvement du deuil de l'exilé n'est pas sans pertinence
     à la pensée postcoloniale qui problématise le lien entre exil et migrance.
     Chez Edward Said qui écrivait, par exemple, « *true exile is a condition of*

fait état de la déshumanisation sociale de l'Autre telle qu'exercée par la société adoptive, la tragédie antique évoque à plusieurs reprises l'exil de Médée :

> Ou si parfois elle détourne son cou blanc,
> c'est pour se parler à soi-même, pleurer son père aimé,
> son pays, sa maison, tout ce qu'elle a trahi
> pour suivre un homme qui l'a prise en dédain à présent (30-3).

Médée porte toujours ainsi le deuil inachevé de ses origines. Algérienne instruite en français et installée au Québec pendant plusieurs années jusqu'à sa mort en 2001, Marie Cardinal exprime son besoin de faire parler la Barbare Médée – cette Colchidienne d'un pays autre que la Grèce –, et son propre rapport à la différence et à l'exil. L'auteure cherche à évoquer le « terrible deuil des racines » (*La Médée* 15), « cette blessure, et la douleur atroce » de la perte (17) exhibée par Médée. Dissociée du drame de jalousie sexuelle telle qu'on le lui avait appris, « Médée, c'est d'abord la tragédie d'une étrangère, de quelqu'un qui n'est pas pareil » (16) et qui est confrontée aux affres mortelles du second exil que lui ordonne un roi méfiant. L'exil de Médée, déjà depuis sa fuite de Colchide, c'est « le pire » (50), la source de tous les autres maux à suivre. « Rien ne pouvait faire plus de mal à Médée, il ne pouvait rien lui arriver de pire ! Elle est outragée ! Jason l'a abandonnée, avec ses enfants ! » (50) alors que, chez Euripide, on peut lire plus sobrement que « Médée, l'infortunée et l'outragée » (20) a été « [...] atteinte en son bien le plus cher » (16).

L'exil ordonné par le roi Créon est en effet pour Médée un « bannissement, qui équivaut », nous lirons chez Christa Wolf,

---

terminal loss » (357), l'exilé s'apparente à l'orphelin (363). Exil et deuil sont aussi théorisés dans l'optique psychanalytique de Kristeva et notamment de Leon et Rebeca Grinberg, pour qui l'expérience migrante rappelle l'exil intérieur, celui de la première séparation produite par la naissance. L'immigration, quant à elle, s'associe inconsciemment au départ définitif, à la mort, selon les Grinberg.

«à une condamnation à mort» (*Médée* 264). La tragédie
d'Euripide est forte à divulguer les questions morales de son
époque : la loyauté, la justice et l'honneur s'avèrent être com-
promis par l'ambition personnelle, la xénophobie et le parjure.
Il faut en convenir, la trahison de Jason se déferle sur plusieurs
plans. D'abord amoureuse, elle est surtout une violation de
son serment fait à Médée sur l'Argo, à la suite de l'exploit de la
Toison d'or qu'il n'aurait pas réalisé sans Médée. Mais, en plus
de cela, les actions de Jason à Corinthe dépouillent Médée de
son statut d'épouse et de mère légitimes, soit du seul état civil
attribuable à une femme athénienne, et encore moins aisément
et le plus souvent pas du tout, à une femme étrangère comme
cette princesse colchidienne. Comme nous le verrons plus loin,
la situation juridique lamentable des femmes n'échappera pas
au fameux discours de Médée aux femmes de Corinthe composant le chœur de la tragédie grecque. Par ailleurs, au sujet de
l'idéologie civique de la maternité, Nicole Loraux fait bien
constater :

> La femme n'y accomplit son *télos* (sa fin) qu'en enfantant et,
> s'il n'est pas de citoyenneté athénienne au féminin, du moins
> la maternité a-t-elle rang d'activité civique. En enfantant,
> les femmes de citoyens assurent à leur époux la perpétua-
> tion de sa lignée et de son nom – sans leur intervention,
> point de patronyme – et permettent ainsi la reproduction
> de la cité (24).

Enfin, les ambitions politiques de Jason mèneront à l'ordre
fatal donné par Créon, soit que Médée s'exile avec ses enfants,
certes un sort d'autant plus néfaste pour une femme déjà étrangère, désormais répudiée, et pour ses fils désormais illégitimes.

L'étrangeté étant une question politique familière aux
spectateurs d'Euripide, la situation de sa Médée, fait remarquer
Mimoso-Ruiz, soit « [l]a situation de la barbare mythique, est liée
aux problèmes de la "polis" athénienne, à la veille du conflit
entre Athènes et ses confédérés et les Péloponnésiens avec leurs

alliés » (*Médée* 172). Une fois abandonnés par Jason, Médée et ses fils se trouvent ainsi dans un état extrêmement précaire. « "[A]polis" » ou sans patrie, « Médée est, précisément, une femme proscrite et répudiée par son mari dans une cité étrangère » (Mimoso-Ruiz, *Médée* 144), problème d'autant plus sévère que la loi athénienne n'aurait déjà qu'à peine reconnus comme légitimes un mariage avec une Barbare ou encore les enfants nés de cette union. Ainsi, la complainte de Médée, dans le Premier Épisode de la tragédie grecque, divulgue le réel danger de sa situation, intensifié par la xénophobie sous-tendant le bannissement décrété par Créon :

> Je suis seule, exilée, bonne à être insultée
> par un mari qui m'a conquise en pays étranger.
> Je n'ai mère, ni frère, ni parent,
> qui me donne un refuge en ce présent naufrage
> (Euripide 255-58)[51].

Son statut d'étrangère exilée rejoint sa condition de femme piégée par les aspirations politiques d'un homme, ce que souligne Cardinal dans sa propre version de la célèbre allocution de Médée aux femmes de Corinthe :

> Moi, je suis seule. Je n'ai que Jason. Jason qui m'outrage, qui retourne notre histoire contre moi. Il dit qu'il m'a arrachée à une terre barbare. C'est vrai, mais cette terre barbare, c'était ma terre, c'était chez moi (Cardinal, *La Médée* 59).

---

51. Au sujet de cette allocution du Premier Épisode, ajoute Mimoso-Ruiz : « Médée se réfère à une situation générale qui dépasse son cas particulier. Elle ne développe pas seulement une argumentation selon laquelle les femmes ne sont pas moindres ni pires que les hommes, elle réfute, aussi et surtout, une critique du mariage, selon l'optique de l'homme, et qui remonte à la vieille tradition anti-féministe des Hellènes » (146). Voir aussi pp. 147-148 pour son analyse des « trois éléments d'argumentation qui constituent une réponse à trois attaques traditionnelles de l'homme contre la femme » (147) dans ce discours de Médée aux Corinthiennes.

Cette dépossession, que réitère le chœur, se veut donc à la fois filiale, géographique et sexuelle :

Médée abandonnée
      bafouée
      exilée.

Médée sans père
      sans frère
      sans terre
      sans amant (67).

Désormais privée d'un état civil déjà précaire et de la légitimité de ses fils, Médée est accablée par tout « et de toutes parts » dans le texte d'Euripide[52]. Dans la version de Cardinal, elle est foncièrement dépossédée : « [J]e n'ai plus rien. Moins que rien » (64). Arrêtons-nous un peu sur ce manque intégral d'issues possibles. L'on pourrait rappeler que, lors de son passage à Corinthe, le roi Égée offre à Médée un refuge, mais Égée ne fait aucune mention du sort de ses deux fils[53]. Quant au bien-être de ses jeunes enfants condamnés malgré tout, Médée se trouve dans une situation insoluble. L'exil les entraînerait dans un *no man's land* auquel ils ne survivraient pas. Le fait de s'exiler auprès d'Égée à Athènes représenterait pour eux un risque tout aussi hasardeux, étant donné le danger que représente le beau-père, la grande méfiance des beaux-parents étant fortement incrustée chez les Grecs, selon Corti. C'est d'ailleurs un danger dont traite Euripide dans plusieurs tragédies, telles qu'*Alceste* et *Électre* (*The Myth* 36). Le fait de quitter Corinthe en laissant les enfants derrière elle les exposerait aux soins néfastes cette fois d'une belle-mère, la fiancée de Jason ayant déjà, à la manière de l'infanticide Ino, traité les garçons d'« odieux » (Euripide 1149).

---

52.   « Tout m'accable, et de toutes parts, qui dira le contraire ? » (Euripide 364).
53.   D'autre part, en entrevue avec Hélène Pednault, Cardinal souligne l'objectif d'Euripide dans cette scène, qui était celui d'amuser et de détendre le spectateur avant les actes horrifiants à suivre (voir pp. 113-114).

Mais un autre péril tout aussi grave guette ses enfants si Médée osait s'exiler sans eux. Les Corinthiens seront outragés et crieront vengeance pour le meurtre de leur roi et de sa fille, une fois que Médée aura confectionné une robe empoisonnée pour tuer Créon et Glaucé. La conclusion tragique en survient : « Je tuerai les enfants / mes enfants. Nul ne pourra les sauver » (Euripide 791-2), ou encore « Je vais tuer mes enfants ! Tu entends, je vais tuer mes enfants ! La vie n'a plus rien de bon pour eux ! » (Cardinal 85). En fin de compte, Médée est aux prises avec un destin qu'elle a, du moins en partie, elle-même créé, mais qui se veut fatal néanmoins, la menant à son « acte terrible, inéluctable » (Euripide 1243). Elle voue ainsi au Coryphée : « De toute façon, ils sont condamnés. Puisqu'il en est ainsi, / c'est moi qui vais les tuer, moi qui leur ai donné la vie » (Euripide 1240-41) ou « Maintenant, je tue mes fils ! Si je ne le fais pas, d'autres le feront, les morts du Palais crient vengeance ! » (Cardinal 100).

Ne serait-ce donc pas la culture, plutôt que l'instinct maternel, qui fait défaillance dans cette tragédie[54], un échec, pour rappeler la critique féministe de Rich, causé par « *the machinery of institutional violence wrenching at the experience of motherhood* » (« Violence » 279) ? C'est ce que souligne notamment la traduction de Marie Cardinal, dont la Médée reconnaît la monstruosité de son crime tout en refusant qu'on la traite « d'impie, de malade, de sorcière ! » (86). La question d'une défaillance culturelle s'avère d'autant plus pertinente aux autres récits filicides que nous examinerons dans les prochains chapitres, où figure un infanticide face à d'inexorables conditions sociales. Beaucoup plus que l'héroïne d'Euripide qui fait entendre à deux reprises son droit, en tant que mère d'enfants déjà condamnés, de commettre elle-même le crime (« moi qui leur ai donné la vie » [Euripide 1064, 1241]), la Médée de Cardinal se dit, à tort ou à raison,

---

54. « *consistent with the psychological and anthropological evidence that the potential for parental violence against children is rather a failure of culture than of instinct* » (Corti, *The Myth* 43).

capable de commettre un homicide pour ainsi dire miséricor-
dieux. Elle cherche ainsi à épargner à ses fils la torture qui les
attend autrement :

> Non, on ne les outragera pas, on ne les humiliera pas ! On va
> les tuer, c'est certain… Déjà la fille de Créon doit flamber !
> Oui, ils seront mis à mort ! Je préfère que ma main exécute
> la besogne. Je leur ferai moins mal ! (95).

Aussi Médée se résigne-t-elle à « tuer ceux que j'aime ! »
(Cardinal 100) tout en assumant sa part de responsabilité pour
la séquence d'événements qui l'ont poussée à l'acte redouté. Au
début de la tragédie d'Euripide, Médée se prononce l'incarnation de la mort, celle des autres et de la sienne. La toute première
réplique de Médée exprime un désir suicidaire : « Ah, malheu-
reuse, je souffre trop ! / Hélas ! que ne puis-je mourir ! » (Euripide
96-7). La deuxième s'attarde à l'infanticide contemplé : « […]
Enfants maudits / d'une mère qui n'est plus rien que haine, /
puissiez-vous périr avec votre père / et toute la maison s'écrouler ! »
(Euripide 112-15) La troisième réplique réitère l'appréhension
de Médée de la mort à la première personne : « O douleur ! /
que la foudre du ciel me traverse la tête ! / À quoi bon vivre
encore ? / Las, las, que la mort me délivre / d'une vie qui m'est
odieuse » (Euripide 143-47). La Médée d'Euripide contemple
la mort qu'elle va donner d'autant plus qu'elle contemple la
sienne. Elle est déjà l'exilée qui n'aura jamais fait son deuil de
la patrie perdue au nom de l'homme aimé. Elle est déjà dépossédée géographiquement, culturellement et socialement et son
exil est amplifié par le bannissement décrété par Créon. Enfin,
lorsque dans le premier épisode, Médée annonce aux femmes
de Corinthe : « J'appelle la mort, mes amies » (Euripide 227),
on ne sait si elle invoque celle du traître mari, des malheureux
enfants ou encore sa propre mort.

Dépossédée et désespérément seule, la Médée d'Euripide s'imprègne toujours dans la mythopoesis au féminin actuelle. Or, l'acte est si atroce, l'histoire est si affreuse et les enfants sont perdus. Peut-on véritablement réduire le geste intenable de Médée à une seule motivation, à une singulière condition sociale, à une miséricorde maternelle, à une mélancolie meurtrière et suicidaire, ou encore, à la culmination d'un complexe psychologique de persécution subliminal ? Bien entendu que non. Les Médées qui font leur entrée dans l'imaginaire contemporain témoignent de l'irréductibilité de cette figure mythique pourtant tragique, pourtant humaine, dans sa poétique protéiforme.

Si c'est à Euripide que l'on doit attribuer l'infanticide de Médée, on lui doit aussi l'« acte délibéré », assumé, commis sans « l'excuse de l'égarement envoyé par un dieu » (Delcourt-Curvers 129). Sans recours à une excentricité ou à une particularité invraisemblable pour l'absoudre de son crime, « Médée tue en pleine lucidité » (129). Elle a ses raisons, ce qui ne veut pourtant pas dire qu'elle *a* raison. Or, Médée nous confronte à son quotidien, et comme le suggère Catherine Mavrikakis, « nous sommes peut-être toutes Médée » (« Duras » 30). Enfin, Médée désigne « l'inconcevable, les situations d'aporie auxquelles la condition humaine se confronte » (Léonard-Roques, Avant-propos 15) et sur lesquelles s'interrogent les mythopoesis au féminin qui suivent.

꧁꧂꧁꧂꧁꧂꧁꧂꧁

Chapitre 3 ————————————————————————

Médée en scène :
Deborah Porter, Franca Rame
et Cherríe Moraga

L A TRAGÉDIE au féminin est bien à l'œuvre dans les pièces de théâtre de l'Italienne Franca Rame, de la Canadienne Deborah Porter et de la Chicana Cherríe Moraga. Alors qu'ils font partie de cette travée mythopoétique soumise à la dissolution et à la reconstruction perpétuelles de « ses éléments constitutifs » (Brunel, *Mythocritique* 31), les trois ouvrages se prêtent à la remarque de Marianne McDonald sur le rôle catalyseur de la Médée d'Euripide :

> As Claude Lévi-Strauss suggested, every literary adaptation of a myth becomes part of the myth. So Euripides, though he has formed our conception of the suffering of Medea, is not like a link in a chain, but rather like a catalyst in a solution: certain particles of the myth are precipitated out, but the others remain suspended (*Ancient* 2).

Selon McDonald, les réécritures soi-disant postmodernes du mythe médéen se démarquent des adaptations par une « première génération » moderne. Les mythopoesis de cette dernière, composée d'Anouilh, de Sartre et de Giraudoux, préserveraient les motifs de la tragédie antique pour ensuite les reformuler au travers du prisme de leur époque. Quant aux dramaturges postmodernes et leur rapport aux sources anciennes, il s'agirait de pratiques beaucoup plus fragmentaires et morcelées : « *The difference, then, is that modernists could still make collages out of the fragments of the past, but we cannot; for us everything is just bits and pieces*» (6). C'est bien ce morcellement des sources mythiques et non la linéarité de l'intrigue dramatique traditionnelle qui sous-tend les représentations contemporaines de figures mythiques au féminin. Autrement dit, le théâtre féministe propose des versions épurées, déconstruites, repensées et contestées des récits mythiques d'où il puise (Goodman x).

La spécificité du théâtre contemporain féminin se manifeste dans la réflexion, et chez certaines, dans le véritable ludisme accordé à la question du sexe et du genre. Pourtant, grâce à la grande diversité des expériences féminines qu'il met en scène, le théâtre au féminin ne saurait se réduire à une seule esthétique féministe ou autrement identifiable (Wood 348). Plusieurs critiques font remarquer la pluralité des approches mythopoé-tiques, précisément du mythe de Médée, par la dramaturgie féminine des dernières décennies. Avec Lizbeth Goodman, on peut constater le véritable défi lancé aux paramètres sexuels, notamment au cours des années 1990, époque à laquelle sont publiées les pièces de Porter, de Rame et de Moraga : « *The borders of sexuality and gender have never been quite so persistently, pro-vocatively, publicly, politically challenged as they were in the 1990s*» (Goodman ix).

Le champ est fertile pour la renaissance dramaturgique des mythes féminins et de trois figures en particulier : la Vierge Marie, la Méduse et Médée[55]. Dans leurs diverses incarnations culturelles et linguistiques, ces figures renaissent à partir de

---

55. Parmi celles qui ont récemment réécrit des figures mythiques féminines pour le théâtre, notamment la Vierge, Méduse, Médée et aussi Philomène, Cassandre et Jeanne-d'Arc, on peut compter les pièces de théâtre de Timberlake Wertenbaker, Joan Lipkin, Laura Curino (compatriote que Rame et Fo ont grandement influencée), Julia Pascal et Ali Smith ainsi que les performances multimédia de Lorri Millan et Shawna Dempsey et la « Méduse noire » de Dorthea Smartt. On notera également les Médées de Guandaline Sagliocco et Gerd Christiansen, la *Multi-Medea* de Susan Kozel (voir De Gay) et celles que révisent Lolita Monga, Phyllida Lloyd et Clare Venables. Enfin, n'oublions pas le « Medea Project » de Rhodessa

l'évocation, de la déconstruction ou de la révision de leurs propres mythes jugés pertinents au vécu actuel des femmes. Dans le cas de Médée, la figure mythique est le plus souvent liée à la tragédie d'Euripide. Quant à la raison, encore une fois, pour cet attrait du théâtre euripidien chez les femmes, Helen Foley souligne la richesse des rôles forts et subtils réservés aux personnages féminins de la tragédie grecque (Wilmer 107), malgré le fait que le théâtre s'écrivait par les hommes et cernait un public exclusivement masculin. Edith Hall signale tout simplement le grand nombre de femmes dans le théâtre antique ainsi que leur réflexion sur les relations féminines (Wilmer 107). Nous pourrions effectivement rappeler la complicité des femmes de Corinthe et celle de Médée et de sa nourrice dans l'œuvre d'Euripide.

Le théâtre des trois dramaturges à l'étude ici traite du mythe de Médée en fonction d'une certaine idée de répétition. Chaque représentation mythopoétique répète, à sa manière, un scénario qui mène à l'acte infanticide tout en mettant en relief sa propre théâtralité ainsi que les allures brechtiennes d'un certain effet de distanciation. Des motifs forts du mythe de Médée, tels que l'exil et les rapports de force sexuels, se manifestent également, tout particulièrement dans les pièces de Rame et de Moraga, qui, au fait, retiennent davantage notre attention. S'ajoute la récurrence de l'infanticide dans les cultures patriarcales, celles d'hier et celles d'aujourd'hui, qu'exhibent les trois œuvres. À travers le mythe de Médée, elles n'étayent pas seulement les conditions sociales d'une femme sans issue. Elles mettent très consciemment en scène le refus, voire l'impossibilité d'une simple réhabilitation idéologique de la mère infanticide tout en déployant les contraintes sociales et politiques empêchant la Medea d'agir à contre-courant de sa fin tragique. Mais comment, pourquoi doit-on représenter Médée au théâtre de nos jours ? C'est bien la

Jones, une série de collaborations théâtrales basées sur l'expérience de femmes incarcérées aux États-Unis et sur des réinterprétations de la mythologie grecque : voir Fraden.

question abordée par la pièce de théâtre canadienne *No More Medea* de Deborah Porter qui nous incite à en finir avec Médée avant même de commencer.

Deborah Porter : répétition et éreintement

Une renommée mythopoétique

Tout en indiquant « *Medea in the Twentieth Century is championed for the same reasons that condemned her 5,000 years ago* » (116), Deborah Porter s'en prend et à la diffamation culturelle et à la réhabilitation idéologique de la figure médéenne. Si sa Médée rappelle en quelque sorte celle de Marie Cardinal, la pièce canadienne n'est pas tant une traduction/réécriture de la tragédie euripidienne qu'un exposé des procédés mêmes de la mythopoesis. Porter met en lumière le fardeau culturel que portent ses deux protagonistes féminines, Médée et Marie, l'une tirée de la mythologie grecque et l'autre de la tradition judéo-chrétienne. Quant à l'héritage euripidien de sa pièce de théâtre, la perspective de Porter diffère de celle de ses contemporaines. Alors que la Medea contemporaine est le plus souvent la descendante d'Euripide, qui « avait tout compris sur les femmes » selon Franca Rame (105), celle de Porter en est plutôt la victime : « *I am a victim of Fate, the Gods and Euripides* » (112).

À la suite de ses premières mises en scène en 1990 par les compagnies théâtrales de Toronto, Buddies in Bad Times et ensuite la Factory Studio Café, *No More Medea* fut élaborée et produite par le Fringe of Toronto Festival et Particle Zoo Productions au cours de la même année[56]. La pièce se déroule d'abord

---

56. Cette œuvre fait partie de la grande diversité qui démarque le théâtre canadien des années 1990 provenant de toutes les régions du pays, y compris des pièces de dramaturges amérindiens, féminins, noirs et latinos, dont celles de Tomson Highway, de Sharon Pollock, de Judith Thompson, d'Anne-Marie MacDonald, de Djanet Sears et de Guillermo Verdecchia.

dans l'an 3000 avant J.-C. à Corinthe, où un chœur nommé avec justesse Pan/Dora entonne l'histoire infanticide de Médée, et durant les années 1990 dans la ville de Toronto.

Le langage de la pièce se veut à la fois archaïque et familier. L'effet comique du mélange de registres met en relief son exploitation du genre tragique qui cède enfin à la comédie créée par la distance effectuée par le cadre contemporain. Le spectateur ou le lecteur est certainement appelé à cette critique préconisée par une distanciation théâtrale rappelant le *Verfremdungseffekt* (effet d'éloignement, de distanciation) de Bertolt Brecht. L'objet de réflexion – ici la Médée infanticide – fait appel non pas à l'horreur ou à la réprobation, mais à l'analyse et à la compréhension, notamment de son façonnage mythique. Le passé et le présent, la comédie et la tragédie se confondent dans l'intrigue de la pièce et la construction mythopoétique de Médée elle-même :

> *Aaaaagggghhhhh!!!!*
> *If only Zeus would strike me dead this very instant* (thunder)
> *Or better yet, strike* him *dead*
> *That creep, that piggish liar, who with one move*
> *Has betrayed me, betrayed our sons, made foul*
> *All that is fair. And two more thunderbolts* (thunder)
> *Would render ash the dissembler who calls himself a "king"*
> *And his stinking daughter* (94).

Le dialogue principal de l'œuvre accentue la perpétuité mythopoétique de Médée et de son sosie Marie, qui discutent de leurs réputations depuis les limbes éternels des légendes endommagées, « *a wasteland beyond time and space* », selon les didascalies (91) :

> *Time. Time to go over and over it all. Lots of good stories, if you get in with the right crowd. [...] They'll keep dredging your name up whenever possible. The people on earth. You'd think they'd have more to do than bother with us crusty old fossils. But no. They use your name and your story to suit their own ends. Myths, archetypes, a little light entertainment... Hah! Without any thought to what it puts us through! Ask Medusa, Helen, Jezebel –* (102-3)

À l'instar de la protagoniste de Cardinal, Médée anticipe elle-même, à l'excès, son héritage monstrueux :

> *Oh yes – I'm foul, I am the vilest of women,*
> *The nursing bitch who thwarts the trust of her pup.*
> *Now, History: Come. Plot my course.*
> *I'll be the monster for your books and plays*
> *So be it. Seal my fate* (99).

Le « joug » imposé sur la protagoniste est bien celui de sa renommée mythique de mère filicide désignée, comme le rappelle Médée à Marie, par une animalité surnaturelle : « *Harpie, harridan, most cruel and unnatural mother, witch, virago, she-wolf!* » (112).

Porter ne cherche pas à créer un personnage intègre ou dûment développé comme celui de Cardinal qui – toujours inspirée par Euripide – situe sa Médée dans son drame intime et psychologisé. Elle traite plutôt du mythe comme d'un produit de ses multiples interprétations pour illustrer son instabilité et ses contradictions inhérentes. Quant à l'acte infanticide, Porter vient inscrire à l'intérieur d'une seule réplique les divergentes interprétations critiques au sujet des motivations de la Médée d'Euripide, que nous signalions effectivement au deuxième chapitre. Face à la réflexion de Médée :

> « Mais quoi ? Par les démons vengeurs envoyés de l'Hadès /
> je ne puis pas livrer mes fils / pour que mes ennemis à leur
> gré les outragent. / Puisqu'à tout prix il faut qu'ils meurent, /
> c'est moi qui vais les tuer, moi qui leur ai donné la vie »
> (Euripide v. 1060-64),

Porter ajoute des questions herméneutiques fort intéressantes dans sa réécriture du passage, où la lucidité de Médée s'affiche à nouveau :

> *And surely now my mother's heart must shrivel up and die.*
> *I'll kill the children.*
> *Oh, Medea, what is wrong with you*

> *That such a plan was ever born?*
> *Your gentle babes! Their silken hair and rosy cheeks – stop!*
> *But I see no other way.*
> *They go with me – they die.*
> *They stay – they'll die for sure.*
> *My murder of the boys will save them from crueler hands,*
> *And is the surest way to torture Jason* (98).

Les vers signalent ainsi la vengeance d'une épouse éprise de jalousie et aveuglée par sa fierté ou son *hubris* («*And is the surest way to torture Jason*»), mais ils rappellent également la soi-disant miséricorde du filicide d'une mère affolée par le sort qui attend ses enfants («*My murder of the boys will save them from crueler hands*»). Ensuite, ce serait à sa situation sociale sans issue («*They go with me – they die. / They stay – they'll die for sure.*») à laquelle il faudrait attribuer ses actions, même si la dramaturge n'hésite pas à rappeler ailleurs le caractère fier et noble de l'antique Médée : «*How dare that ingenue set herself against me, Medea, / Once princess myself, now noble wife and mother?*» (*No More* 94).

Médée au quotidien

Il va presque sans dire qu'on ne trouvera pas dans cette pièce la «nouvelle femme» qui viendra clôturer la pièce de Rame, ni la guerrière tourmentée que nous proposera Cherríe Moraga. Il s'agit plutôt – le titre de *No More Medea* le dénote bien – d'un aveu éponyme d'en finir une fois pour toutes avec l'inscription, soit la répétition réductrice du mythe de Médée comme celui d'une inexplicable et monstrueuse infanticide. Porter cherche d'abord à souligner la pertinence de l'infanticide antique à l'actualité alors que son rapport à l'histoire et au vécu des femmes se présente comme un phénomène commun plutôt qu'exceptionnel :

> *If a woman named Medea did indeed live, love and murder*
> *her children 5,000 years ago, then surely she is still alive and*
> *still trying to survive in a society whose rules are not of her*

*making. History repeats itself and ghosts walk the earth while
their sorrows are embodied in the lives of the great and the
small* (91).

Ce n'est pas ici une nature maternelle fausse et dépravée qui
est appelée au jugement, mais toujours la culture, c'est-à-dire la
condition sociale dans laquelle Médée se trouve prise et à partir
de laquelle elle mettra à exécution son fatal destin.

L'infanticide de Médée reflète ainsi une réalité bien trop
quotidienne, comme le signale la dernière tirade de Marie, qui
raconte le « fait divers » de sa dernière expédition sur terre : les
trouvailles d'un cadavre de nourrisson dans une poubelle de
la ville de Toronto de nos jours. Les va-et-vient temporels et
spatiaux des deux personnages, circulant entre leur « *Place of
Battered Legends*» et le « *Toronto, Canada 1990 AD*» qui pourrait
être « *any major city in a current year*» (91), accentuent cette
pertinence historique, voire transhistorique, et certes actuelle
de l'infanticide. C'est ce que font aussi les films, tels que *A Cry
in the Dark* et *Sophie's Choice,* que visionnent Marie et Médée
lors de leurs séances de cinéma et dans lesquels l'actrice américaine Meryl Streep est en vedette dans ses rôles de mères
pour ainsi dire meurtrières. Comme le dit enfin Médée : « *There
is no myth to it all. Medea is around us everywhere. The monster
walks the street – and in the end is just a woman. A survivor*»
(119). L'infanticide est une constante culturelle, même esthétique et commune, « *the dreadful fulfillment of a human potential*» (xvi), pour emprunter encore ces termes à Lillian Corti.
C'est la pire et la plus tragique des contradictions du discours
magna mater, de l'éternel féminin bienveillant incarné par le
personnage de Marie, là bien sûr pour contrebalancer celui
de Médée, mais aussi pour évoquer la nourrice et confi-
dente constante de la princesse euripidienne.

Comme l'affirme encore le titre de l'œuvre, Porter cherche
à décimer le mythe réducteur, stéréotypé, simplifié, certes répété
d'une Médée « *brave and regal sorceress who helps her man, hides*

her light behind him, and slays the kids in a fit of pique» (115), d'une « *Medea the Murderer»* (116). *No More Medea*, non plus cette Médée, non plus cette répétition de la même figure et du même acte sans d'abord tenir compte de sa pertinence historique et de sa récurrence actuelle. Alors qu'il se perpétue dans la culture imaginaire et la vie quotidienne de notre époque, le mythe de Médée, selon Porter, doit être vu et reconnu dans sa spécificité sociale, dans sa différence plutôt que dans sa mêmeté, dans son aspect protéiforme, complexe et humain. Encore à l'instar de la nourrice euripidienne implorant sa pupille désespérée tout au long de la tragédie, la Sainte-Vierge incite sa compatriote mythique comme suit :

> *Get over it, Medea. Look at me. I've had much less time at this than you, and I'm coping. Take a look around! Get in touch with the world. There's more to you than you think* (115).

Et c'est Médée qui conclut : « *It's all so tiresome. I'm not a butcher, not a beast, and certainly no champion of political injustice»* (117).

Ce n'est pas une simple revendication ou une réinstauration candide du mythe de Médée que propose cette pièce de théâtre, mais l'analyse critique de son effroyable pertinence à l'imaginaire contemporain et au vécu réel de beaucoup de femmes au cours de l'histoire. Il revient désormais au théâtre de Rame et de Moraga, de véritables réécritures mythiques cette fois, de situer Médée plus précisément dans son cadre social et dans son genre tragique.

Franca Rame : tragédie et sacrifice

Médée bohême

Créé en 2006 au Théâtre de la Commune, au Centre dramatique national d'Aubervilliers, le spectacle *La maman bohême suivi de Médée* rassemble deux textes de Franca Rame et de Dario Fo.

Publiés dans le quatrième tome de *Récits de femmes et autres histoires*, ces textes ont aussi fait partie d'un spectacle joué pour la première fois à Milan en 1977, *Tutta casa, letto e chiesa*, expression familière et presque intraduisible désignant « femme vouée aux tâches du foyer et à la dévotion »[57]. L'œuvre s'inspire du combat mené par les femmes italiennes pour le droit au divorce et à la légalisation de l'avortement. Au fait, les années 1970 en Italie furent une période menée par des militants de gauche et marquée par des émeutes sociales souvent violentes. C'est à cette époque qu'un groupe néo-fasciste insensé par le contenu politique de sa dramaturgie enlève et viole Franca Rame. À l'époque de la création des textes de Rame, mais encore aujourd'hui, l'égalité des sexes n'est pas entièrement acquise en Italie, les femmes se situant au bas de l'échelon social et économique. Aussi les mentalités rétrogrades font-elles toujours résonner ses spectacles.

Les pièces courtes du recueil *Récits de femmes* se transcrivent dans notre contemporain par leur « portée universelle : la lutte des femmes pour la maîtrise de leur vie » (n.p.), du moins selon le programme du Théâtre d'Arras où s'est arrêtée la tournée de Didier Bezace en mars 2008. Cette mise en scène française (d'une pièce jouée à l'origine dans un dialecte archaïque de l'Italie centrale) mettait en vedette Ariane Ascaride dans les rôles de Maman bohême et de Médée, pour n'en faire, finalement, qu'un seul personnage.

Dans la première partie du spectacle à deux actes, une femme costumée en bohémienne, s'étant échappée d'un foyer étouffant, est poursuivie par des carabiniers lancés par son mari et se réfugie dans une église. Au prêtre dissimulé par le confessionnal du centre de l'avant-scène, elle raconte sa fugue ainsi que ses quelques jours de liberté au sein d'une communauté hippie à l'époque des manifestations de mai 1968. À la fin d'un monologue

---

57. Note de l'éditeur, *Récits de femmes et autres histoires*, p. 10.

sur les contraintes de sa condition de ménagère, les carabiniers pénètrent dans l'église et le confessionnal s'ouvre pour que Maman bohême puisse s'y cacher. Mais lorsqu'elle y entre, le confessionnal se transforme en cuisine délabrée dont la porte est solidement verrouillée. Le cri de la fin est strident et le désespoir de cette femme est palpable. À la suite d'un bref interlude musical, on retrouve la comédienne dans la même cuisine, bien vêtue et équipée, cette fois, pour le travail quotidien de la ménagère qu'elle incarnera désormais. C'est la deuxième partie du spectacle intitulée *Médée*.

Le chevauchement des deux monologues crée encore ici une distanciation, toujours au sens brechtien du terme, ce qui ne surprendra pas, étant donné la propension marxiste du théâtre notamment de Rame et Fo, tout comme celui de Brecht. L'éloignement du spectateur des personnages et la suspension de l'intrigue théâtrale par le prologue cherchent, en effet, à distancier l'auditoire ainsi qu'à entraver toute émotion passive ou identification pathétique pour interpeller une réflexion plus critique et engagée. Or, dans le spectacle monté par Bezace, la distanciation cède plutôt à la comédie.

Alors qu'elle raconte, tout en épluchant des pommes de terre et comme un simple cancan, la *Médée* d'Euripide qu'elle vient de lire, le repas extrêmement toxique, brûlé à vif et fort odorant que Maman bohême prépare sur scène nous éloigne de plus en plus de ses propos infanticides. À la longue, Maman bohême vient incarner le personnage de Médée ainsi que le chœur polyphonique des femmes de Corinthe qui tente de l'inciter à la soumission et à la raison. La Médée d'Ascaride nous plonge magistralement en plein cœur de la tragédie d'une femme bien plus furieusement révoltée que sexuellement jalouse qui réagit à sa condition de démunie sociale. Mais en jumelant l'intrigue tragique de Médée avec la comédie de cette prolongation de *La maman bohême*, Bezace fait céder la tragédie rapidement, sinon entièrement, au grand ridicule de la scène de ménage, surtout lorsque rentre le mari trompeur, bien mal fichu, une raquette de tennis sur le dos et une énorme marque de rouge à lèvres sur la joue. Les mots décisifs de Médée en fin de monologue : « C'est une nécessité que mes enfants meurent, pour que tu sois écrasé, Jason, toi et les lois infâmes » (115-16) se perdent dans l'hilarité d'une scène de ménage qui devient essentiellement burlesque. Ces mots meurtriers, puisés directement de la tragédie d'Euripide, sont effectivement étouffés par la mise en scène hyperbolique et hilarante du mécontentement de la femme domestique envers son mari non seulement infidèle et dominant, mais drôlement asthmatique. La réflexion critique sur cette tragédie de femme, quant à elle, est passablement entravée.

Un monologue féministe?

Il revient au Prologue du texte publié de signaler la nature allégorique de l'histoire de Médée, c'est-à-dire sa pertinence au contexte domestique représenté. « Ce n'est pas, mesdames, que la morale du spectacle soit qu'il faut rentrer chez vous pour égorger vos enfants. Non, c'est une allégorie! » (Rame 109), intervient la narratrice qui, longtemps, fut jouée par Franca Rame elle-même incarnant tous ses monologues. Cette troisième voix brechtienne du Prologue effectue bel et bien une distanciation, qui réussit cette fois, par l'effet de suspension du monologue, à interpeller l'esprit critique des lecteurs à l'endroit de la pièce et surtout de son horrible conclusion. De plus, contrairement à la mise en scène de Bezace, la *Médée* des *Récits de femmes* n'est pas simplement le deuxième acte d'une seule pièce, mais le « dernier morceau du spectacle [...] très différent des autres » (Rame 105), certes démarqué des autres récits comiques du répertoire Rame/Fo. Le monologue *Médée* « n'est pas comique. Tout au contraire, il est profondément dramatique et c'est celui dont le contenu féministe est le plus marqué » (105), précise toujours le Prologue. Bien que l'interprétation de Bezace en tienne à peine compte, *Médée* est en fait une tragédie, l'unique du répertoire Rame/Fo. Comme nous le verrons plus tard, c'est par rapport au genre tragique et à sa théâtralité que l'on doit positionner ce monologue et sa teneur plutôt indigeste.

De prime abord, il est intéressant de noter que Rame et Fo puisent les sources de leur œuvre, toujours à caractère improvisé, du théâtre populaire de l'Italie du XVIIIe siècle, *la commedia dell'arte*, à laquelle s'ajoutent les préoccupations sociales de Rame (Günsberg 4). Des *opus in progressio*, leurs textes ne se finalisaient qu'à la suite de maintes répétitions publiques, parfois même en collaboration avec l'auditoire, au point de rendre le texte original et la mise en scène finale presque incomparables[58]. En vue de l'engagement des femmes non seulement dans le jeu, mais aussi dans la gestion des compagnies et réalisations théâtrales, on pourrait dire que le rapport à la *commedia dell'arte* s'avère une tradition féminine (Günsberg 206-7). Coauteure et comédienne des monologues de femmes signés avec son ex-mari Dario Fo, Franca Rame met en œuvre cette tradition qui remonte, par ailleurs, à son histoire personnelle. Née d'une famille de comédiens itinérants très engagée dans le théâtre à l'italienne, elle n'était qu'un nourrisson lorsqu'elle apparut la première fois sur scène dans les bras de sa mère (Rame dans Anderlini 2).

Or, le rapport de Rame au féminisme est plutôt problématique, l'artiste s'accolant l'étiquette féministe pour aussitôt la rejeter[59]. De son côté, la critique notamment étatsunienne a du mal à se convaincre de la portée féministe des thématiques radicales de Rame. Maggie Günsberg s'interroge sur l'« authenticité » ou encore l'efficacité sociale des monologues qui renforcent, selon elle, des schèmes patriarcaux et obligatoirement hétérosexuels ainsi que le destin biologique de la femme. L'ambiguïté même de la paternité littéraire des *Récits de femmes* semble accentuer l'incertitude du rapport de Rame au féminisme.

---

58. C'est ce qu'explique Dario Fo, cité dans Günsberg, p. 207.
59. Voir Farrell, p. 198, p. 209.

Plusieurs ont traité de cette question pour même suggérer une analogie entre Fo et Rame avec Molière et Armande Béjart, ou encore, avec Rodin et Camille Claudel[60]. Ainsi, « *[w]henever the name Franca Rame comes up, it is immediately preceded or followed by that of her husband Dario Fo* » (Cottino-Jones 323), qui, par ailleurs, détient une réputation mondiale, ayant remporté le Prix Nobel de littérature en 1997. Quant à la reprise de la Médée d'Euripide, Rame précise que l'idée fut entièrement la sienne. Fo aurait « écrit son idée », mais d'emblée, la véritable création, toujours de nature collaborative, aurait comme toujours été amorcée dès le premier jet jusqu'aux dernières répétitions et représentations de la pièce (Anderlini 6).

Toujours selon la tradition de la *commedia dell'arte*, dont le point de départ est une intrigue qui sera par la suite développée sur scène, Rame assure les rôles de dramaturge, de réalisatrice, et enfin, de comédienne d'une œuvre perpétuellement soumise à la collaboration, à l'improvisation et à la modification. Aussi devrait-on considérer Rame indépendamment de Fo, à son propre titre d'auteure et de créatrice des *Récits de femmes*. Quoi qu'il en soit, le théâtre alternatif de Rame cherche à provoquer plutôt qu'à rassurer, par l'intermédiaire d'une forme, le monologue, mettant en scène uniquement la femme (Cottino-Jones 329). Cette forme avance une perspective entièrement féminine, par le fait même que le personnage se trouve seul sur scène à prendre la parole, que ce soit la sienne ou celle des autres, s'emparant, comme l'observe encore Günsberg, de toute l'attention de l'auditoire (203).

Le sacrifice

Il faut rappeler qu'encore ici le crime de Médée n'est pas un acte de vengeance contre un mari infidèle, comme le signale

60.   À ce propos, voir Corttino-Jones et Anderlini.

correctement le programme 2007-2008 du spectacle : Médée ne tue pas ses fils « tant pour punir le mari infidèle que pour s'affranchir de toute contrainte» (n.p.). Cherríe Moraga signalera à son tour l'aspect transgressif plutôt que vengeur de la mère infanticide :

> The official version was a lie. [...] Who would kill their kid over some man dumping them? It wasn't a strong enough reason. And yet everyone from Anaya to Euripides was telling us so. Well if traición was the reason, could infanticide then be retaliation against misogyny, an act of vengeance not against one man, but man in general for a betrayal much graver than sexual infedility: the enslavement and deformation of our sex? («Looking» 145).

Par ailleurs, la signifiance de l'exil – toujours celui d'une apatride et d'une « étrangère » (Rame 114) –, entre encore en jeu. Exilée de sa terre d'origine et désormais de son foyer et de ses enfants, Médée se trouve une fois de plus confrontée à sa dépossession culturelle, sociale et filiale, comme le signale le chœur de femmes dès le début du monologue : « Il n'est raison qui tienne pour lui faire quitter sa maison et abandonner ses enfants» (Rame 111). Le Prologue cherche encore à éveiller une « prise de conscience » (108), non des contraintes imposées par la maternité dont il faudrait à tout prix se libérer, mais plutôt de l'assujettissement patriarcal de la femme effectué par l'intermédiaire de cette maternité. Comme nous le notions ci-dessus, les interprétations sont partagées au sujet de la portée féministe de la *Medea* de Rame. Certaines font contraster cette Médée soi-disant féministe avec la Médée dite patriarcale du tragédien[61]. D'autres, comme Günsberg, trouvent que plusieurs pièces de Rame, dont *Médée*, cèdent leur assaut initial sur les institutions patriarcales à une réinscription d'images féminines traditionnelles et à un exposé rétrograde sur la maternité.

---

61. Voir Cottino-Jones, p. 335, et Hirst, p. 151.

Or, force est de reconnaître que la Médée de Rame s'attaque avant tout à l'image de la mère sacrificielle, soit la femme qui se sacrifie pour les autres, y compris pour ses enfants.

Selon le monologue, c'est bien un sacrifice, une sorte de mort de soi, que la société exige de Médée, abandonnée et «seule comme une morte, sans plus entendre ni voix ni rires… sans amour ni d'enfants ni de mari, tous partis à la fête avant de m'avoir ensevelie» (113). Certes, le langage du monologue est répétitif et funeste : Médée se dit «ensevelie», écrasée de «deuil et malheur» (113), une «morte avant d'être née» (114). Considérée vieillissante et indésirable, Médée sera substituée non seulement dans son rôle d'épouse, mais aussi de mère, étant donné la décision de Jason d'accorder le soin des enfants à sa nouvelle femme. Comme dans la tragédie d'Euripide, la nourrice tente de convaincre Médée d'accepter son lot passivement (vers 1082-1115) : «Pour l'amour de ces enfants, sacrifie-toi, Médée! À l'honneur d'être mère, fais plier l'orgueil de la femme… Pour le bien de ta chair, consens» (111).

Toutefois, Médée répondra qu'on se souvienne d'elle plutôt comme une «mère infâme et folle d'orgueil» et non une «oubliée comme une chèvre docile» (113). Elle résiste à sa mise à mort symbolique par le patriarcat et, pour ce faire, tire sa tragique et déconcertante conclusion : «Je ne serai vivante que de la mort de mes enfants… ma chair… mon sang, ma vie» (114). En refusant de disparaître dans l'oubli, elle opte pour l'identité de la mère infanticide. Comme la Médée d'Euripide, de Cardinal et de Porter, elle assume sa décision, sa souveraineté. Elle jouera donc jusqu'au bout son rôle de «[m]onstre! chienne! scélérate! mère dénaturée! ordure!» (Rame 116). De plus, selon la théorie de la performativité identitaire et sexuelle des *Troubles dans le genre* de Judith Butler, la monstruosité incarnée verbalement par la Médée de Rame désigne ici les limites de ses représentations mythiques, voire leur excès, qui est l'espace même de la subversion et de la transformation sociale.

Désormais, les enfants de Médée viennent évoquer la victime de substitution toujours en plein cœur du sacrifice. Ce qui fait de la victime un être sacré, propose René Girard, est le fait qu'elle sera tuée tout comme il est criminel de la tuer à cause du fait qu'elle est sacrée. Or, en plus de cela, ce qui en fait une victime sacrée est précisément son rôle de substitut, toujours vulnérable et immédiat contre lequel se lance une violence inapaisée comme celle de la Médée d'Euripide. Cette fois, les victimes substituent aux « lois infâmes » (Rame 116) et masculines qui condamnent à mort la maternité et la sexualité de Médée et qu'elle assaille par son infanticide.

Inversant le scénario attendu de la mère qui se sacrifie pour ses enfants, Médée sacrifie ses enfants au nom d'une nouvelle féminité, performance qui la libérera du rôle de femme/mère passive, écartée, chosifiée, complice avec sa propre disparition, « pour faire naître une femme nouvelle » (116). Mais le constat n'en est pas moins troublant et on peut très bien mettre en doute un tel renouvellement annoncé par la dernière phrase du monologue : « Alors, je dirai en pleurant : "Meurs, meurs! Pour faire naître une femme nouvelle!" » (116). De fait, selon Günsberg, la Médée de Rame ferait preuve d'une prise de conscience fautive. Elle s'attaquerait de façon trop intégrale à la maternité sans proposer de nouvelles manières de l'envisager hors des paramètres patriarcaux : « *By acting the archetypally "bad mother," she also plays into the hands of patriarchal society that can simply classify her as "mad"* » (227). Or, la question peut-elle se vouloir si simple ? En quoi consiste au juste cette « femme nouvelle » ?

La tragédie

L'intertexte principal est toujours la tragédie antique d'Euripide. La dramaturge signale en effet que Médée « voit rouge! Et d'un rouge grec! » lorsqu'elle apprend l'abandon de Jason pour « une jeune femme belle, riche et puissante » (108). Mais la référence n'est pas autant pour faire rappeler la jalousie de Médée (comme le fera, par contre, le roman de Monique Bosco) que pour souligner le lien formel du monologue avec la tragédie antique. C'est bien en fonction du genre tragique de l'œuvre que l'on doit aborder cette troublante *nova donna*, malgré le fait que, et c'est peut-être le moins que l'on puisse dire, la conclusion du monologue peut laisser sur sa faim. Si cette Médée, une Médée toujours « allégorique », incarne « *the havoc women will wreak when they are no longer content to be submissive*» (ix), comme le signale Jennifer Jones, la conclusion qu'elle tire au sujet de son existence patriarcale est manifestement tragique. Médée est une femme, au dire de Jones, « *in a particular circumstance, coming to a particularly tragic conclusion about the nature of her life within a patriarcal culture. […] This Medea promises to be far more difficult to isolate, contain, and control*» (98). Ainsi, la femme qui tente la dernière issue dans le monologue de Rame, soit sa propre survie, s'avère justement « nouvelle ». Sa transgression des attentes sociales et son inversement du sacrifice maternel sont incontestablement des gestes radicaux. Cependant, cela ne rend pas le personnage moins tragique, non seulement au sens large évoqué par Jones, mais aussi au sens littéraire du terme.

Au fait, la tragédie est une forme dramatique dont les modalités entraînent la destruction du héros ou encore une fin catastrophique pour lui (Abrams 212). Cette dernière est causée en grande partie par son *hubris* (ou sa faute tragique) selon Aristote, une fierté ou un orgueil qui l'entraîne à ignorer un avertissement divin ou une loi morale de haute importance (Abrams 212)[62]. Bien que la protagoniste de Rame soit tragique

---

62. Au fait, selon la *Poétique* d'Aristote, les origines de la tragédie reposent dans le mythe, notamment le culte de Dionysos. Au Ve siècle attique, le théâtre était présent lors des rituels de fêtes, ces chants ou dithyrambes associés à ce dieu du vin et protecteur de la fécondité (Cousineau 28). Jacqueline de Romilly précise que les récits mythologiques de l'épopée grecque, racontant les aventures des personnages historiques et fabuleux,

au sens des Anciens, elle revêt aussi (comme la Médée d'Euripide, par ailleurs) des aspects psychologiques. Mais selon Barthes, « cet art dramatique de *l'intention* [...] introduit dans la tragédie une rouerie, et pour tout dire une vulgarité, qui lui sont totalement anachroniques » (« Comment » 49). Aussi précise-t-il :

> [I]l est vrai que les personnages tragiques manifestent des « sentiments », mais ces « sentiments » (orgueil, jalousie, rancune, indignation) ne sont nullement psychologiques, au sens moderne du mot. Ce ne sont pas des passions individualistes, nées dans la solitude d'un cœur romantique ; l'orgueil n'est pas ici un pêché [*sic*], un mal merveilleux et compliqué (49).

Or, une exception est faite d'emblée à Euripide, « le tragique grec le plus progressiste qui soit », selon Rame (105). Aussi est-ce celui qui « ne pense pas comme les autres » (*La Médée* 21), notait Cardinal, alors qu'il responsabilise ses personnages plutôt que les forces du panthéon.

Selon Raymond Williams dans une étude sur le renouvellement esthétique de la tragédie au XXe siècle, la modernité aurait effectivement psychologisé et individualisé le héros tragique. De plus, à l'instar de la figure mythique et certes des Medeas de Porter et de Rame banalisées par leur entrée dans le contemporain, la protagoniste moderne serait marquée davantage par son isolation sociale que par son rang ou sa noblesse. Mais toujours est-il que ses luttes aboutissent dans la mort (Williams 107), qu'elles succombent à une fatalité ordonnée par des lois humaines. Ainsi, l'avertissement écarté par la Medea italienne est-il celui du chœur de femmes faisant appel à sa soumission féminine. La loi morale qu'elle transgresse est la loi patriarcale. Quant à son *hubris*, le Prologue signale le manque « de dialectique » en cette rageuse Médée (Rame 106, 108), encore

sont effectivement la source de la tragédie. « Aussi pourrait-on dire que, si la fête a créé le genre tragique, c'est l'influence de l'épopée qui en a fait un genre littéraire ».

pour nous en distancier, mais aussi pour rappeler la nature dramatique, à savoir tragique, de son personnage. Par ailleurs, le texte n'incite pas son auditoire à percevoir Médée comme une héroïne à célébrer, à excuser et, encore moins, à imiter. Le Prologue, comme nous l'avons déjà vu, se prononce manifestement là-dessus. N'est-ce pas l'idée, certes l'allégorie toujours tragique, d'une « nouvelle femme » que le monologue avance, une idée d'autant plus intenable et inachevée, comme le mythe de Médée lui-même ? Bref, la Medea se prononce une tragédie dès les premières phrases de son Prologue et c'est ainsi que l'on doit lire ce récit de femme de Rame.

La *donna nova* de Rame est aussi un produit de sa propre théâtralité, mise en relief dès le Prologue par ses effets de distanciation et aussi par le fait même du *one woman-show :* tous les personnages sont joués par une seule comédienne et la prise de conscience de cette pièce se veut entièrement celle de Médée. Le jeu lui-même est bien celui d'une « nouvelle femme », notamment lorsqu'elle calque le discours de Jason pour ainsi en assurer la maîtrise et le transgresser :

> Jason ! Quelle délicate pensée d'avoir quitté ta douce épouse, rose, fraîche et parfumée, pour venir me trouver ! Tu t'avances avec le visage d'un homme honnête... une humble démarche... le regret dans les yeux. Assieds-toi... Ne t'inquiète pas, c'est par jeu que je feins la folie, par divertissement... [...] À force de réfléchir, je me suis raisonnée. Quelle sotte prétention j'avais de te garder à moi pour toujours... rien que folle rage... jalousie de femme mesquine. Car tu sais bien, par nature la femme est faible et encline à rancœur, envie et gémissement. Pardonne-moi, gentil Jason, si je n'ai pensé qu'à ma personne (114-15).

Ce n'est pas dans son triomphe infanticide contre le patriarcat et les contraintes du mariage ou de la maternité que naît la *nova donna*. Elle émerge plutôt de la transgression, à l'instar de sa performance subversive citée ci-dessus, des discours qui fixent et naturalisent la femme. Encore une fois, on pensera aux analyses de Butler sur la performativité du genre sexuel qui relève effectivement d'un langage théâtral[63]. Dans cette optique, la *nova donna* serait l'excès résultant de cette répétition qui rend manifestes les limites des représentations patriarcales de la femme. Tout comme le mythe de Médée, elle serait à supplémenter aussitôt. Une Médée toujours malléable, la nouvelle femme incarne son propre théâtre tragique de répétition et d'excès ainsi que l'esthétique du théâtre Fo/Rame lui-même toujours nouveau : à répéter, à réécrire, à recréer.

En soulignant les modalités ainsi que l'excès dramatiques de cette héroïne de la tragédie grecque – le chœur, la Loi à transgresser et le rappel à l'*hubris* aristotélicien –, psychologisée et même brechtienne par moments, le texte de Rame insiste à son tour sur la nature mythopoétique, performative, « allégorique » et toujours en procès de Médée. Comme la Medea qui « n'est plus » chez Porter, la *nova donna* n'est que cela, une mythopoesis, aussi inachevée et insuffisante soit-elle. Elle est transgressive, certes, mais antinomique aussi, étant donné d'abord les évocations de sa fatalité implacable provenant de son huis clos social et ensuite de son intentionnalité bien moderne soulignée par son affirmation souveraine de ses actions. Nous y reviendrons dans la conclusion. Au vu de la théâtralité tragique de la figure médéenne que tout le texte de Rame met en relief, peut-être ne sommes-nous pas tenus d'en relever une solution aux problèmes sociaux étalés. Peut-être Rame n'est-elle pas tenue de nous la donner.

Cherríe Moraga : exil et anti-utopie

Une révolution en ruines

L'exil est à l'avant-plan de la réécriture médéenne de Cherríe Moraga, *The Hungry Woman: A Mexican Medea*. De plus,

---

63. À ce propos, voir Günsberg qui fait l'étude des divers monologues de Rame à la lumière de la théorie de Butler.

contrairement au féminisme ambigu de Rame, il n'y a aucun doute quant à l'engagement politique de Moraga. Ce sont les causes notamment lesbienne, anticoloniale et chicana qui lui tiennent à cœur alors que sa pièce de théâtre avance une critique sévère d'un nationalisme machiste. Si Moraga tente néanmoins de renouveler l'affirmation collective, l'engagement identitaire et certaines stratégies discursives du nationalisme chicano des années 1960 et 1970, comme le suggère Harry Elam (117), elle relève surtout les failles du projet, menacé par l'essentialisme fort limité et exclusif qui le guette (Elam 117). C'est à la croisée des identités culturelles et sexuelles que se situe l'auteure comme Chicana lesbienne. C'est là où elle situe sa Médée mexicaine. En fait, comme pour la protagoniste de Porter, il revient encore à Médée de faire la mise en abyme d'une poétique de répétition lorsqu'elle anticipe sa renommée mythique, une fois sa tragédie jouée jusqu'au bout : « *I am the last one to make this journey. My tragedy will be an example to all women like me. Vain women who only know to be the beloved*» (46).

L'œuvre dramatique de Moraga, qui est aussi poète et essayiste, s'insère dans le théâtre latino de contestation et de «re-formation» (Marrero xviii) surtout gaies et lesbiennes de la fin des années 1990[64]. La diglossie des pièces de Cherríe Moraga – soit l'insertion de phrases et de mots espagnols partout dans le texte de langue anglaise – signale son allégeance esthétique aux origines de son œuvre, puisées au *teatro* américano-mexicain : « *for a Spanish and Spanglish-speaking people*» (Moraga, « The Writer » 290). Les pièces de Moraga s'éloignent ainsi du modèle européen de mise en scène théâtrale. Quant à l'unique production de *Hungry Woman* à l'Université Stanford en 2005, celle-ci mettait en scène musiques, costumes et chorégraphies indigènes

64. Parmi ces dramaturges latinos et latinas contemporains, on peut compter Monica Palacios, Luis Alfaro, Pedro Monge-Raful, Nao Bustamante et Coco Fusco, Migdalia Cruz, Noami Iizuka, Nilo Cruz et Caridad Svich; voir Marrero.

(Allen 1)[65]. Pour sa part, la révision du mythe grec de Médée et de la tragédie d'Euripide est incontestablement chicana, étant donné son fusionnement de multiples traditions culturelles et mythiques ainsi que l'exploration de l'identité chicana qui s'effectue par un enchâssement de réalisme et de futurisme[66].

Située dans un monde futuriste et apocalyptique, l'intrigue se déroule à la suite d'une guerre ethnique ayant, selon les didascalies de cette dramaturge très littéraire, « balkanisé » les États-Unis en plusieurs petits États, dont la nation mexicaine d'Aztlán située dans le sud-ouest des États-Unis, autrefois le nord du Mexique. Aztlán provient de la mythologie d'une terre d'origine précolombienne ayant appartenu aux Aztèques et aux Chicanos dépossédés d'aujourd'hui[67]. Terre d'origines perdues, elle fut réappropriée par le mouvement chicano au courant de la période de renaissance et de réaffirmation hispaniques (1965-1975). Symbole d'une histoire mythique omise par l'Histoire officielle (Anaya et Lomeli ii), archétype collectif, anticolonial et nostalgique, Aztlán est devenue un symbole de survivance du peuple et de sa revendication de ses pertes à la Conquête d'abord espagnole, ensuite anglo-américaine (Anaya et Lomeli iii)[68]. Il va sans dire que Moraga décrie fermement l'idée d'une utopie aztlánique. Or, sa critique ne porte pas autant sur le projet national en soi que sur l'androcentrisme du rêve, ce dernier ayant reproduit, à travers les normes réactionnaires et rétrogrades qu'il

65. Autrement, la pièce n'a été l'objet que de lectures publiques, notamment à Berkeley en 1995, à Los Angeles la même année et ensuite à San Francisco en 1997 où Moraga dirigeait la représentation. Voir Arrizón, p. 45.
66. Cela, non sans rappeler les stratégies de réalisme magique d'une Laura Esquivel, auteure mexicaine renommée surtout pour son roman *Como agua para chocolate*.
67. Voir David Cooper Alarcón sur les liens entre le nationalisme chicano et l'histoire et le mythe d'Aztlán.
68. Sur les lieux originels et l'histoire dite archaïque, mythique et réelle d'Aztlán, voir Pina. Sur les configurations discursives d'Aztlán par les études culturelles et féministes chicanas, voir Arrizón.

était censé dépasser, cette pensée *straight* dont parle Monique Wittig[69].

Les didascalies du début du premier acte dépeignent d'abord une utopie révolutionnaire rêvée. En créant des sociétés tout inclusives, celle-ci aura tenté de mettre fin à la domination culturelle, économique, sociale et religieuse euro-américaine au nom du rétablissement des droits indigènes partout dans le monde. Cependant, alors que « [tout discours] utopique est potentiellement réversible » (Braga 3), pour ainsi rappeler la « dualité et polysémie du texte utopique » selon Michèle LeDœuff, la contre-révolution qui s'ensuit vient établir à nouveau les anciennes hiérarchies entre hommes et femmes et bannir les homosexuels de ses cinq nations. Ancienne révolutionnaire, lesbienne et *cuandera* (guérisseuse), Médée est bien sûr exilée d'Aztlán avec son amante Luna et son fils adolescent Chac-Mool/Adolfo. Médée incarne encore ici une altérité foncièrement négative : « *the image of the intractable woman of color [...] too indigenous [...] dangerous in a society that's asking her to forget* » (dans Anthony 3).

Médée habite donc la ville en ruines de Phœnix, située sur la frontière divisant la Gringolandia, la nation des Blancs, et Aztlán, pays *straight* ou exclusivement hétérosexuel des Mexicains et des Chicanos. Le Phœnix imaginé par Moraga expose « l'avidité exterminatrice de l'utopie et son caractère terroriste » (Julien Freund, ct. ds. Braga 13) tout en dénonçant l'ordre totalitaire et patriarcal rétabli à Aztlán. La ville donne cette « impression absurde et cauchemardesque » (Braga 19). Elle se veux une anti-utopie qui, selon Corin Braga, « veut soigner le mal par le mal, imaginant le contre-modèle homéopathique

---

69. Dans son essai, « Queer Aztlán », paru quelques années avant la création originale de cette pièce de théâtre en 1995, Moraga s'attaque au sexisme et à l'homophobie du mouvement chicano, y compris « la possibilité d'existence de l'utopie » (Braga 7).

d'une cité infernale » (27). En effet, « *Phœnix is represented by the ceaseless racket of a city out of control (constant traffic, low-flying jet planes, hawkers squawking their wares, muy "Blade Runner-esque"* ») (*Hungry* 7). Morne et anti-utopique, elle est « *the land of the exiled. Phœnix, Arizona. What never rose up from the ashes of destruction* » (14). Ainsi, l'ironie du nom symbolique (de phénix rédempteur) donné à cette terre d'annihilation et de pessimisme postrévolutionnaires est foncièrement cynique : « *a city-in-ruin, the dumping site of every kind of poison and person unwanted by its neighbors* » (*Hungry* 6). Le nom que prêtent les femmes exilées de Phœnix à la ville ruinée « Tamoanchán » désigne effectivement une origine perdue : « *MAMA SAL: They call it "Phœnix", pero entrenos, we name it "Tamoanchán", which means* – *CHAC-MOOL: "we seek our home"* ». (24). Une fantaisie du retour que nous aborderons plus loin.

L'espace se prête bien à la tragédie qui s'annonce, ou encore, qui a déjà eu lieu, étant donné la double temporalité de la pièce de théâtre. On retrouve Médée enfermée dans un asile où elle finira par se suicider quelques mois après son meurtre de Chac-Mool dont elle fait une victime sacrificielle, cette fois d'un rite légué par les ancêtres aztèques. La pièce retourne en arrière pour révéler ce que Médée cherche à éviter avant tout : de rendre le fils à son père, soit à l'ordre répressif d'Aztlán qu'habite un Jason désireux d'améliorer son statut social par un nouveau mariage. Chac-Mool est la véritable clé du succès de Jason qui aura droit à l'enfant dès ses treize ans selon son divorce avec Médée. Le jeune adolescent fournirait à son père – lui-même trop métissé pour réellement monter l'échelon d'Aztlán –, le quantum sanguin *indianismo* qu'il lui faut pour une pleine appartenance à ce monde « d'absolutisme et d'essentialisme ethnique » (Elam [ma trad.] 119). Aussi Moraga hyperbolise-t-elle sa critique déjà stridente du nationalisme chicano, dont l'idéalisation d'un passé mythique efface les véritables rapports de force sociaux et sexuels (Alarcón 6) qu'elle met ici en lumière[70].

Des fusionnements mythiques

Quant au tissage textuel de diverses figures mythiques dans *The Hungry Woman*, Moraga travaille à l'instar même d'Euripide qui puise dans le panthéon grec son répertoire de dieux et de demi-dieux toujours en crise. Moraga se ressource auprès de déesses non seulement européennes, mais aussi précolombiennes et aztèques : « *As Euripides' dramatization of the story of Medea turned to the Greek gods as judge and consul, I turned to the pre-Columbian Aztec deities* » (Moraga, « Looking » 146). Le fusionnement des traditions se manifeste certainement par le chœur – encore un renvoi aux femmes de Corinthe de la tragédie grecque. Moraga inscrit *El Coro* dans sa liste de personnages, le décrit en détail dans ses didascalies et le fait retentir dans la pièce. Véritablement transculturel, le chœur incarne les modalités de la tragédie grecque mariées à la légende aztèque composée des quatre points cardinaux, des quatre couleurs primaires précolombiennes (le rouge, le noir, le blanc, le bleu) et des quatre guerrières aztèques mortes à l'accouchement.

La Médée mexicaine s'associe d'abord à la déesse aztèque Coatlicue, car, en elle, repose le pouvoir de donner et la vie et la mort : « *that side of the woman that has rage and cannot be controlled by the culture of patriarchy [...] mother figures who are fierce and dangerous and messed up* » (Moraga, ct. ds. Anthony 3). Selon Moraga, ce rapprochement entre diverses légendes aztèques et la figure médéenne mettrait en relief une maternité primordiale et prépatriarcale (3), mais aussi « *a fearsome and tragic Medea* » (5). Dans *The Hungry Woman*, Coatlicue, « *Aztec Goddess*

---

70. Au sujet de la construction historique et artistique de l'identité chicano et chicana, voir Oliva.

of Creation and Destruction » (9), apparaît à son hôtel dès le premier acte et à nouveau au début du deuxième : « *She is an awesome decapitated stone figure* » (9). Elle se fait l'incarnation – effectivement très médéenne – d'une connaissance inédite, de la transgression, de la mort et du sacrifice : « *Coatlicue, / this is my holy sacrifice* » (88). À son tour, comme le malheureux représentant de la prochaine génération aztlánique, Chac-Mool incarne le fils de Coatlicue, dieu guerrier des Aztèques, toujours selon les nombreuses didascalies de Moraga : « *CHAC-MOOL as the sun-god emerges, in full Aztec regalia, from the icon/woman, COATLICUE* » (56). Toutefois, l'intertexte euripidien n'en est pas estompé. Car Médée demande l'aide de Coatlicue pour savoir duper Jason de son faux asservissement à l'ordre normatif d'Aztlán – un nouveau renvoi au quatrième épisode d'Euripide :

> *Madre, Coatlicue.*
> *I want to know your sweet fury.*
> *Teach me your seductive magic,*
> *your beauty and rage.*
> *Make Jasón small and weak.*
> *Make him shiver*
> *Within the folds of my serpent skin* (51).

Émerge ensuite le mythe de l'infanticide Médée, mais d'emblée dans sa version aztèque. Les lamentations de l'infanticide Llorona, « *el llanto de la La Llorona* » (37), « *the cry of La Llorona* » (92), retentissent donc dans l'air pollué et nocturne de Phœnix et surtout à la fin de la pièce. Selon la légende de cette « *Mexican Weeping Woman* » (Moraga, « Looking » 142), une mère noie ses deux enfants après la trahison de leur père. Elle est condamnée éternellement à les chercher en vain tout en émettant son cri légendaire dont l'empreinte dans la psyché mexicaine est encore aujourd'hui très forte (Moraga, « Looking » 142). Il revient enfin au « Cihuatateo », ce chœur des quatre esprits féminins, d'évoquer la légende de La Llorona. L'acte de

Médée est ainsi visiblement anticipé, toujours par les didascalies, et situé à la croisée des traditions culturelles :

> *The CIHUATATEO dance as warrior women. [...] They pierce*
> *and slash themselves, wailing. They encircle MEDEA with the*
> *ghostly white veil of La Llorona. It is a river in the silver light.*
> *MEDEA and the sound of the children's cries drown beneath*
> *it* (63).

En baignant dans ce métissage intertextuel et culturel, la Médée mexicaine incarne une réalité certes hybride, un héritage partiellement indigène et européen. En outre, Médée porte les traces de La Malinche de l'histoire mexicaine. Interprète pour les Espagnols et les Indiens, célèbre maîtresse aztèque de Cortez, La Malinche, ou *La Chingada* (femme fichue ou violée), aurait mis au monde le premier Métis mexicain ainsi que l'avenir *mestizo* du Mexique. Elle en serait la génitrice (Gant-Britton 270) tout comme Médée a mis au monde un fils en qui repose, cette fois, l'avenir, quoique déjà damné, d'Aztlán. Au fait, l'hybridité culturelle, mais aussi idéologique et filiale du fils, se désigne par le prénom double de Chac-Mool/Adolfo.

La Llorona rejoint un autre mythe de création, celui de la femme insatiable, la *Hungry Woman* éponyme. Figure à bouches multiples qui a besoin de chair humaine sacrifiée pour se nourrir (Elam 120), cette femme insatiable lègue à la Médée mexicaine son inassouvissement, son errance perpétuelle et sa quête vouée à l'échec (Elam 120). Surnommée Tonantzin et mère de la terre et de la renaissance, la déesse aztèque possède aussi un savoir médicinal, s'accordant une fois de plus à la légende gréco-antique de la guérisseuse Médée[71]. Mais c'est la pertinence de *La Llorora/ Hungry Woman* au vécu lesbien que Moraga cherche à souligner :

> *She is the story that has never been told truly, the story of that*
> *hungry Mexican woman who is called puta/bruja/jota/loca*

---

71. Voir Elam, p. 120. Voir aussi Trigo.

because she refuses to forget that her half-life is not a natural-born fact («Looking» 147).

En plus de ses enfants morts, elle cherche ainsi à retrouver « *our lost selves, our lost sexuality, our lost spirituality, our lost sabiduría*» (147). Or, dans l'anti-utopie de Moraga, de telles retrouvailles, qu'elles se veuillent sexuelles ou identitaires, ne se réaliseront pas aussitôt.

La fantaisie du retour

L'anti-utopie abat tous les personnages de Moraga ainsi que les espaces qu'ils fréquentent, qu'il s'agisse de Phœnix ou d'Aztlán. L'exil de Médée résulte, comme mentionné ci-dessus, de la politique machiste d'Aztlán, cette utopie mexicaine perdue et renversée. Il est aussi d'ordre intime, soit sexuel, maternel et filial, la maternité lesbienne s'avérant impossible dans le monde déchu de cette œuvre. Quant à lui, le Phœnix apocalyptique et pollué par ses progrès technologiques est un espace d'infertilité qui accable (entre autres) la future épouse de Jason. La stérilité sous-tend également l'infanticide à venir ainsi que la relation de Médée et de Luna, en pleine détérioration. À son pire, Médée se dit avoir été « gâchée » par les mains d'une femme, « *made […] good for no one. Man, woman or child*» (95). En réalité, ce qu'entrave son lesbianisme, c'est le retour à Aztlán, qui est d'autant plus stagnant que le hors-lieu de Phœnix.

La fantaisie du retour aux origines aztlániques est donc manifeste dans la pièce, non sans rappeler le deuil inachevé de la terre natale dont souffre la Médée attique. Semblablement aux lamentations de La Llorona, Chac-Mool et Médée désirent ce retour à Aztlán pour des raisons différentes. Chac-Mool se tourne vers la promesse d'un avenir aztlánique, mais qui est déjà corrompu par le néonazisme que laisse entendre son prénom officiel. Médée s'acharne sur le rêve d'une utopie inexistante, en plus du retour au pays *straight* pour empêcher l'endoctrinement de son fils. Elle fait preuve d'ambivalence à la fois politique et sexuelle (« *I think what she really wants is a man. I hear her on the phone negotiating with that self-conscious lilt in her voice* » [34], remarque Luna), et comme elle le réalisera trop tard, sa soif du retour (récurrente aux pages 43, 47, 67) est une négation de son identité lesbienne. Bref, l'aspiration du retour est aussi futile que l'infanticide que commettra Médée. Elle se veut aussi impossible que sa fantaisie de rajeunissement (autre forme de retour à laquelle Médée aspire) et l'utopie de cet Aztlán aussi « inhabitable » (81) que la ville en ruines de Phœnix.

Ce qui nous amène à la troublante relation mère-fils… D'un côté, le départ imminent de Chac-Mool pour Aztlán représente son endoctrinement certain dans le système de pensée machiste de son père. D'un autre côté, le départ réalise, dans un registre plus intime, la séparation tant redoutée par Médée : celle du fils de sa mère ainsi que le transfert du désir à une autre femme : « *I knew then that he already wanted to be away from me, to grow up to suck on some other woman's milk-less tit* » (31). Son tourment à l'égard de l'émigration de Chac-Mool, mais aussi de la rupture dyadique, se manifeste à plusieurs reprises : « *I lost my baby. We were splintered, severed in two* » *(87)*; « *Where is my baby's sweet softness now?* » (90). Bref, si Médée sacrifie la vie de Chac-Mool pour des raisons idéologiques (« He refuses my gifts and turns to my enemies / to make a man of him » [88]), c'est aussi l'âge viril qu'elle cherche à lui refuser. La fantaisie du retour aux origines est donc aussi celle de la mère dans son rapport originel avec l'enfant perdu. « *If you had been my son,* lance-t-elle au spectre qui lui apparaît au moment de son suicide, *the dark of your eyes would mirror me. And we would blend together sexless* » (98). Le retour véritablement recherché n'est plus – l'était-il vraiment ? – à Aztlán, mais plutôt à ce corps à corps, porteur, semble-t-il, d'une neutralité fantasmique.

Lorsque Médée se suicide, c'est comme si son fils revenait des morts pour l'empoisonner à son tour et la ramener au foyer originel d'Aztlán, mais surtout pour ranimer la relation symbiotique. Les dernières didascalies proposent ainsi l'image inversée d'une pietà dans laquelle le fils tient le cadavre maternel dans ses bras :

> MEDEA : Oh. (Pause) *Why have you come here?*
> CHAC-MOOL : *To take you away.*
> MEDEA : *Away… where?*
> CHAC-MOOL : *Home* (98).

L'état d'intoxication donnant libre cours à de telles fantaisies pointe encore vers le pessimisme de cette pièce anti-utopique. Contrairement à la dystopie, l'anti-utopie ne s'ouvre pas à « la possibilité d'un redressement ou d'une évolution vers le bien » (Braga 14). En effet, le retour est impossible. En font preuve l'État pourri d'Aztlán ainsi que la mort sacrificielle du jeune homme. Comme l'Aztlán édénique, le fils rêvé de Médée n'existe pas. Avec son nom aztèque tatoué sur son corps meurtri par sa mère, Chac-Mool représente cet ailleurs irréalisable : « *The man I wish my son to be does not exist* » (69). La délivrance du jeune homme est condamnée à l'échec – « *There's nobody to be. No man to be* » (84) – un énoncé qui renvoie à l'épigraphe de l'œuvre et qui est tiré de la *Médée* de Christa Wolf : « *Where can I go ? Is it possible to imagine a world, a time, where I would have a place ? There's no one I could ask. That's the answer* ». Comme son double, La Llorona, la Médée de Cherríe Moraga est condamnée à l'agonie d'un deuil perpétuel, d'une mélancolie à laquelle seul le suicide met fin. Tout compte fait, si l'infanticide de Médée demeure un geste extrême de résistance symbolique, il est présenté comme futile. Dans l'œuvre de Moraga, la transgression s'élève contre la perpétuité de l'ordre corrompu nouvellement établi, mais elle n'effectue pas de libération et encore moins une récupération naïve de l'infanticide Médée.

Par surcroît, au sujet du crime de Médée, Steve Wilmer propose une analyse fort intéressante qui fera rappeler les effets de distanciation notés du côté de Porter et de Rame. Selon lui, les femmes sauraient s'identifier avec la Médée mexicaine de

Cherríe Moraga, car elles sont suffisamment distanciées de sa violence par la théâtralité de l'œuvre. Autrement dit, il y aurait cet « adoucissement » du crime que recherchait par ailleurs Mimoso-Ruiz, étant donné l'importance accordée à la triple marginalité d'une Medea chicana, lesbienne et exilée. Nous pourrions ajouter que l'espace futuriste de la pièce nous éloigne davantage des horreurs de la scène, comme le fait le trauma émotif entraînant le suicide de Médée[72]. À l'instar de Franca Rame, Moraga insère même l'intervention brechtienne d'un tiers personnage, incarné par le douanier qui arrête Chac-Mool à la frontière d'Aztlán et lui fait remarquer l'importance de son rôle dans les conflits filiaux et politiques de cette pièce de théâtre :

> CHAC-MOOL : [...] Is nobody listening to me?
> BORDER GUARD : We all are. It's your play.
> CHAC-MOOL : Who says?
> BORDER GUARD : You're the source of conflict. You're also the youngest one here, which means you're the future, it's gotta be about you. And, you're the only real male in the cast (76)[73].

Mais encore ici, c'est le contexte dramaturgique qui est mis en relief. Quant aux effets de distanciation dans l'œuvre, ils ne tentent pas tant de justifier la violence du geste de Médée que d'évoquer sa théâtralité et sa portée « allégorique », au dire de Rame.

Comme en fait part cette mise en relief de la théâtralité de l'œuvre elle-même, il s'agit encore ici d'une tragédie dramatique, non sans ses aspects antiques. Bref, comme chez Porter et

---

72. « *Infanticide is not a homicide,* propose Moraga, *but a suicide. A mother never completely separates from her child. She always remains a part of her children. But what is it then we are killing off in ourselves and why?* » (« Looking » 146).

73. Au fait, selon les directives de la dramaturge, tous les rôles, y compris celui de Jason, sont censés être joués par des femmes, à l'exception de celui du jeune Chac-Mool.

Rame, l'intrigue tragique est encore partiellement puisée à la
Médée d'Euripide, l'infanticide constituant en effet le dénouement d'une tragédie : l'écrasement fatal de la protagoniste. Car
la dramaturgie tragique s'annonce à même le texte, dès le premier
acte, alors que l'héroïne anticipe sa fatalité : « *[t]he god's downfall
and my own* » (13). Aussi semble-t-il que Médée se dit ici à
nouveau soumise à la fatalité de sa propre tragédie, sa « faute »
aristotélicienne s'accordant en effet avec ce désir de retour qui
motive ses gestes…

𝕾𝕾𝕾𝕾𝕾𝕾𝕾𝕾𝕾𝕾

Dans les pièces de théâtre de Porter, de Rame et de Moraga,
l'intertextualité avec la tragédie d'Euripide reste d'une importance considérable. De plus, la situation précaire des jeunes
victimes de Médée, toujours en situation d'exil et de marginalité
funèbres, nous fait encore reconnaître non leur situation inexplicable et rare, mais spécifique et même courante. Cela dit, la
résistance et la subversion symbolique, que nous pourrions
associer au sacrifice des enfants de Médée dans ces trois œuvres,
ne sont pas sans leur lot d'hésitations, voire de futilité. En fin de
compte, la transgression contre la perpétuité de l'ordre répressif,
à travers la destruction de la nouvelle génération, n'est pas tant
un acte libérateur que le dénouement d'une tragédie littéraire.

Parmi les personnages mythiques du théâtre contemporain
de femmes, on compte ainsi Médée :

> *Medea, the ultimate caricature of the sexual woman and "bad
> mommy," has been reclaimed by some as a feminist identity-
> politician given a bad press for daring to react to abandonment
> by her unfaithful husband, sacrificing the children she loves in
> the process. She is all things to all readers: an heroic goddess
> and a selfish, spiteful woman scorned* (Goodman xv).

Rame, Porter et Moraga abordent cette « caricature » ou
encore cet archétype qu'elles ne cherchent évidemment pas à

reproduire, mais qu'elles ne considèrent pas non plus comme une simple figure patriarcale sans pertinence à leur contemporanéité. Si la réécriture du mythe de Médée varie d'un texte ou d'une production à l'autre, elle donne aussi des résultats beaucoup plus complexes que ne le laisse entendre la remarque de Goodman. Les perspectives sont diverses, subversives, radicales, parfois insuffisantes. Mais chacune d'entre elles puise dans la multiplicité inhérente du mythe de Médée, soit dans sa mythopoesis, pour l'inscrire et la jouer autrement, parfois difficilement, parfois à l'excès, dans une parole théâtrale au féminin.

ꙄꙄꙄꙄꙄꙄꙄꙄꙄꙄ

Chapitre 4

Médée polyphonique : Monique Bosco et Christa Wolf

L E ROMAN serait l'espace littéraire « qui depuis peu ouvre au mythe ses portes », selon Marie Goudot. Cela dit, les mytho-poesis de Christa Wolf et de Monique Bosco se démarquent plus que les autres de la version euripidienne du mythe de Médée. Dans *Medea : voix*, Wolf propose une mythopoesis entièrement révisionnelle de l'histoire de Médée alors que dans *New Medea*, Bosco semble condamner sa figure médéenne à la fatalité de son héritage mythique. Déjà, la portée féministe des Médées de France Rame et de Cherríe Moraga posait problème. Il revient à ces deux romans d'aborder plus précisément la question du *sujet* mythique – qui est d'autant plus ici la question du sujet femme –, en fonction des conditions sociales ou mythopoé-tiques qui entravent son *soi* et son *agentivité*.

Une telle réflexion ontologique sur le sujet, voire la puissance ou l'impuissance d'agir du soi, relève d'un questionnement fon-damental du « je » cartésien, cette « constance » ou ce « maintien de soi » (Ricœur, *Soi-même* 149) de la tradition métaphysique. Inaugurée par la philosophie de Heidegger et son traitement de la relation du « je » au monde et à l'objet de son savoir, cette contestation de la métaphysique du sujet le situe, non plus par rapport à un monde intelligible, mais à une existence éprouvée dans un contexte de relations significatives – son *Dasein* ou son « être-dans-le-monde » (Chanter 134). « Tout se joue, comme on sait, sur le sens de la préposition "dans" » (Ricœur, *Soi-même* 230). À l'instar des reprises dramatiques du chapitre précédent

– et celle de Deborah Porter nous vient particulièrement à l'esprit –, l'« étant », comme le mythe de Médée, existe dans une temporalité multidimensionnelle par rapport à plusieurs êtres qu'il *aurait été* dans le passé, qu'il *sera* à l'avenir, qu'il *est* actuellement (Chanter 149). Le sujet – femme ou mythique – est ainsi perpétuellement déstabilisé par l'espace et le temps.

Ce questionnement heideggerien aura inspiré toute une lignée de pensée sur le décentrement du sujet moïque ou fondateur, en passant par l'existentialisme de Sartres et de Beauvoir, la psychanalyse de Freud et de Lacan, au poststructuralisme de Kristeva et de Derrida. La subjectivité préoccupe nombre d'écrits de femmes depuis l'avènement du féminisme littéraire, en remontant notamment à Simone de Beauvoir qui, à partir de la philosophie existentielle, préconisait la rature du sujet cohérent et complet à lui-même pour privilégier les forces sociales par rapport auxquelles un individu agit et se détermine. C'est toujours la question de l'agentivité (tiré du terme anglais *agency*) du sujet « en procès » (au dire de Kristeva) que pose l'écriture féministe. Une « théorie de l'action », pour emprunter à Ricœur, l'agencivité préconise « l'initiative [qui] est une *intervention* de l'agent de l'action dans le cours du monde, intervention qui *cause* effectivement des changements dans le monde » (*Soi-même* 133). Travaillée par Judith Butler et d'autres théoriciennes féministes, l'agentivité se définit, selon Barbara Havercroft qui a francisé le terme, comme suit :

> une interaction complexe entre le sujet féminin et sa société, car ses actions sont susceptibles d'apporter des transformations sociales sur le plan des normes, des limites, des possibilités ou des contraintes (521).

En effet, « l'écriture, dans toute sa complexité, est un site par excellence de l'agentivité au féminin » (521), poursuit Havercroft, et « la littérature au féminin » en serait « une forme privilégiée » (522).

La question épineuse du sujet, au centre de tout concept d'agentivité, suscite des postures féministes aussi variées que contradictoires. Alors que les discours humanistes et androcentriques de la tradition métaphysique engendrent une profonde insatisfaction chez beaucoup de théoriciennes du féminisme, les grands éclatements ontologiques, inaugurés par la postmodernité, ont été aussitôt estimés paralysants quant à la question d'engagement, soit la capacité d'agir d'un sujet féminin ainsi dépossédé[74]. Bref, un mécontentement par rapport à cette crise du sujet – en dépit de sa nécessité –, retentit dans la pensée féministe depuis un bon moment[75].

Confrontée à la déconstruction du signifiant « femme » – selon les *Éperons* de Derrida, la femme est l'empreinte de l'absence, la non-vérité de la vérité de l'homme, et selon Kristeva, « la femme, ce n'est jamais ça » (*Polylogue* 517) –, Butler pose ainsi la question dans *Troubles dans le genre* : « Les féministes peuvent-elles faire de la politique sans "sujet" pour la catégorie "femme"? » (267). Alors que la philosophe insiste sur le principe de « viabilité » du sujet culturellement constitué, elle avance que cette « construction sociale » ne lui enlève pas la capacité d'agir, mais au contraire, la lui lègue. Comme nous le constatons à l'exemple de la *Medea* de Franca Rame, le bricolage culturel des identités, tout comme leur performativité, peut devenir l'espace même de la subversion et de la transformation sociale. Ricœur, quant à lui, rappelle que « c'est en conjonction avec un *fond* à partir duquel le soi peut être dit *agissant* » (*Soi-même* 357) qu'une ipséité (en anglais *selfhood*), disons ici au féminin, est possible. Cette ipséité n'est pas une « identité comme *mêmeté* » (140). Elle dénote plutôt une « modestie du maintien de soi » (198), une subjectivité qui reconnaît sa non-permanence, sa discontinuité, certes cette *in*constance que nous attribuons à

---

74. L'argument est avancé par Elizabeth Grosz, Jane Gallop et Hélène Cixous, entre autres.

75. Voir Johnson, Moscovici, et Carrière, « Questions ».

une Médée mythopoétique, mais aussi son « pouvoir faire » (124) éthique, sa « puissance d'agir » (131) sur le monde et sur elle-même. Dès les premières phrases du « Rire de la Méduse », Hélène Cixous ne préconisait-elle pas « que la femme se mette au texte – comme au monde, et à l'histoire, – de son propre mouvement » (39) ?

Distribuée parmi ses différentes instances temporelles et discursives, Médée éveille des questionnements ontologiques pareils, sans toutefois nécessairement réaliser « l'initiative » éthique à laquelle Ricœur oblige le sujet-agent. Les deux Médées romanesques n'exercent pas sans peine la prise de leur agentivité « sur le cours de la nature "extérieure" » (*Soi-même* 138), à savoir sur les assises de leur propre mythe. Qu'en est-il donc de l'autonomie ("intérieure") du sujet féminin pourtant contraint par ces forces sociales ("extérieures") qui le déterminent ? Parallèlement, qu'en est-il de la capacité du sujet mythique d'agir à l'encontre de la mythopoesis qui le fabrique ? En outre, Médée est-elle ou non responsable de cette fatalité à laquelle son propre mythe semble toujours déjà la confiner ? Ce sont des questions soulevées par les deux romans à travers leurs réécritures mythiques bien distinctes.

Monique Bosco : une nouvelle Médée

Le mythe américain

Lauréate de plusieurs prix littéraires, Juive d'origine autrichienne ayant passé son enfance en France, Monique Bosco s'est installée au Québec en 1948 et s'y est éteinte en 2007. *New Medea* situe le mythe de Médée dans un contexte contemporain et nord-américain. Le roman se donne à lire comme un long poème en prose tout en se qualifiant d'ébauche pour un drame – œuvre « ébauchée en touches rapides, en phrases brèves et elliptiques, mais en utilisant la forme de composition de la tragédie » (Sirois 73). Composé de deux prologues et de cinq actes, le texte revêt des modalités dramaturgiques. Sa temporalité s'apparente à l'unité de temps du théâtre classique (l'intrigue se déroule durant quelques jours) et son espace correspond à une unité de lieu (le drame se situe principalement dans l'appartement de Médée et de Jason)[76]. De fait, le roman ne cesse d'emprunter, en filigrane, les procédés formels et thématiques les plus reconnus de la tragédie et surtout celle d'Euripide, y compris les interventions d'une voix narrative omnisciente faisant fonction de coryphée et s'adressant à Médée. Mais, de prime abord, comme le dénote le titre anglais de *New Medea* (autrement rédigé en français), le mythe et ses composantes sont à nouveau en jeu, la réécriture mythique étant encore ici mise en relief.

Remarquablement, l'œuvre fut publiée en 1974, à l'aube de l'éclatement du mouvement féministe en littérature québécoise. Mais, malgré son enchâssement des genres littéraires pourtant en vogue à cette époque ainsi que la perspective radicale sur la maternité qu'elle avance dans *New Medea*, Bosco ne figurera pas parmi les chefs de file de l'écriture au féminin. Le féminisme littéraire du Québec ne la compte pas dans ses rangs.

En revanche, les fictions théoriques, telles que *L'euguélionne* (1976) de Louky Bersianik et *L'amèr* (1977) de Nicole Brossard, dont la contestation se manifeste par un matricide métaphorique (plutôt qu'un infanticide), paraissent à la même époque que *New Medea* et sont rapidement consacrées[77].

Comme le fait remarquer Catherine Khordoc au sujet de Monique Bosco, il est curieux que « la critique a relativement peu parlé de cette auteure prolifique arrivée au Québec il y a presque 60 ans en 1948 » (19) –, et cela, par rapport ni à l'esthétique migrante ayant fait couler tant d'encre au Québec depuis les vingt dernières décennies ni au contexte féministe. Or, la non-consécration de *New Medea* nous paraît tout aussi ostensible :

---

76.   Voir Sirois, p. 74.
77.   C'est bien dès l'ouverture de *L'amèr* qu'on lira : « J'ai tué le ventre » (11).

le tabou ne serait-il pas donc toujours celui de la mère filicide qui demeure encore ici occultée dans la réception critique même de l'œuvre ? Alors que la nouvelle pensée féministe du Québec des années 1970 se trouvait prédisposée au refus de la maternité depuis la perspective de la fille, peut-être n'était-elle pas encore prête à entendre les propos radicaux incarnés par la nouvelle Médée de Bosco…

New Medea adopte la version d'Euripide autant qu'elle s'en écarte, la faisant d'abord migrer au travers d'un réseau d'intertextes judéo-chrétiens, hellénistes, modernes et populaires. Comme l'a constaté Ricœur en entrevue, « *Nothing travels more extensively and effectively than myth [...] Each particular myth has its own history and reinterpretation and emigration* » (« Myth » 488). L'intrigue du roman met en scène une améri-canité neuve, New York, ville de « la statue d'or et de liberté, à l'entrée du fleuve » (*New Medea* 17), qui rappelle néanmoins l'anti-utopie du Phœnix de Cherríe Moraga. La statue de la Liberté, symbole de délivrance des « futurs citoyens de ce peuple de sang mêlé » (44), évoque d'emblée l'horreur à venir dans le récit amorcé, cette légende ancienne étant déjà transmise au Nouveau Monde : « La Nouvelle Médée est là, avec ses rêves de puissance, vierge folle flanquée des dragons du cauchemar (17) ». Transposé à l'époque actuelle, le mythe de Médée est ainsi américanisé alors que l'Amérique de Bosco s'érige à partir du mythique.

Dans ces « terres ingrates et dures [...] d'Amérique » (17), les personnages mythiques de Bosco subissent à leur tour une banalisation sociale et morale alors qu'ils font leur entrée dans le monde contemporain. Étudiante de médecine ratée, qui sait administrer les seringues pour leurrer son père et son frère lors du vol des richesses de la famille et plus tard pour tuer ses enfants, Médée est peut-être encore ici un peu sorcière, mais elle est surtout trafiqueuse de drogue. Habitué de la rue et lâche coureur de jupons, Jason est « l'époux menteur et volage » (19), le *hustler* new-yorkais à la poursuite de la nouvelle Toison d'or américaine, qu'il trouve d'abord dans les coffres du père de Médée, et dix ans plus tard, dans les bras d'une seconde héritière.

Quant à cette Créüse, fille du roi Créon, Bosco en fait une niaise nommée Ève : « Blonde et vierge. Riche à millions. Acharnée à se faire épouser » (56), qui entraînera, comme il se doit, la chute de Jason. Ce dernier se jette par la fenêtre de son appartement après sa terrible découverte des cadavres de ses fils empoisonnés, victimes des transgressions de leur père et de la jalousie déchaînée de leur mère. Car il s'agit bien d'une histoire de jalousie et d'obsession dans ce texte, ce qui vient certainement démarquer la mythopoesis de Bosco des réécritures de ses contemporaines.

La perte des origines

Plus conformément à la tragédie euripidienne, c'est à nouveau dans le cadre d'un exil des origines géographiques et filiales, soit l'abandon de la patrie d'enfance, que s'insère la mythopoesis, cette fois dans un roman migrant du Québec. Enfant, Jason a quitté sa Grèce natale pour saisir le rêve américain. De son côté, Médée commet son fratricide légendaire pour faciliter le pillage de Jason des richesses de son père dans le sud des États-Unis. Dans son quatrième acte, Bosco reprend ces événements de la première séquence du mythe grec, où Médée (ou parfois Jason) tue le jeune Absyrtos et jette ensuite le cadavre démembré à la mer afin de ralentir la tentation de poursuite de son père. Mais, pour cette nouvelle Médée, le deuil des origines est occasionné d'emblée par la perte de la toute première relation, celle avec la mère, morte en donnant naissance à sa fille, la maternité s'associant d'emblée à la mort pour la jeune Médée. Chez les Anciens attiques, « l'accouchement se présente en effet comme une épreuve des plus redoutables, un caprice du sort entre la vie et la mort » (81), souligne Nadine Bernard, principe à partir duquel elle cite justement la Médée d'Euripide : « Être en ligne

trois fois, le bouclier au flanc, je le préférerais à enfanter une
seule» (81).

Alors que «la mère [elle aussi nommée Médée] qui l'a
enfantée n'a pas survécu à cet événement» (*New Medea* 19), elle
lègue à sa fille, selon l'argument du coryphée, son «affreux nom
de présage et de malédiction» (12). Face à ce terrible destin
mythique, la souveraineté de Médée est déjà ébréchée :

> Je suis Médée. Ce nom, tu me l'as laissé, en héritage. J'ai
> compris ce que j'avais à faire. Médée. Telle je suis. Telle tu
> m'as faite. Moi, ta fille. Fille de ton sang et de ta chair. Portée,
> haut, près du cœur. Tu m'as donc donné ce nom en héritage.
> Et je lui ferai honneur et justice. Et la moitié de ma tâche est
> accomplie. De mes mains. Regarde les mains de Médée. Mains
> faites pour le meurtre et le crime (10).

Aux prises avec cette perte originelle, Médée, au dire de
l'auteure, «ne peut se pardonner d'avoir, par sa naissance, tué
sa mère» (Brochu 11). Tragique au sens bien attique du terme,
elle exécutera son «héritage» assassin, fera «honneur et justice»
à sa mère. Une fille endeuillée, exilée, coupable et désormais
abandonnée par Jason, Médée se déclare «Reine de la mort
des autres» (*New Medea* 18), mais aussi une morte vivante :
«Médée. C'est moi. Moi. La mort. L'amour. L'amour de la
mort» (9).

Aussi l'intrigue de *New Medea* se déroule-t-elle à partir du
deuil qui, selon Freud, s'apparente à l'affliction mélancolique,
cette incorporation en soi de la perte[78]. Ici, l'objet perdu est la
mère défunte, héritage certes, que Médée «incorpore» pour
devenir elle-même mère de la mort, une mère infanticide :
«Médée. C'est moi. La mort. La mère» (14).

---

78. Selon Freud, la mélancolie se voudrait l'intériorisation de l'objet perdu,
soit un deuil qui ne s'achève pas.

Un mythe en héritage

Comme le laisse entendre le texte, l'objet maternel, contenu en soi, c'est aussi le fardeau mythique à porter – « Médée. Ce nom qu'ils m'ont donné» (*New Medea* 9) –, le cycle perpétuel d'un terrible destin à réaliser. La répétition mythopoétique est donc toujours à l'œuvre. La tragédie grecque se jouera jusqu'au bout. Aussi le récit fait-il miroiter les procédés de sa mythopoesis, surtout à travers le chœur narratif qui ne cesse d'anticiper le geste inéluctable à venir de «cette fille sans mère» :

> Médée. Rien que d'évoquer ton nom, et une aura de mort s'élève dans ce ciel auquel tu feins de ne plus croire. [...] Rien ne peut ou ne doit t'arrêter. Depuis les siècles des siècles, tu te dresses au seuil de la nuit et recommences ton effroyable labeur de mère meurtrière de ses fils. Médée, fille sans mère, opprobre de ton père, honte de la patrie qui t'a vue naître et que tu as trahie. Et pourtant, à chaque nouvelle génération, une autre fille riche et belle jure de se livrer à l'amour d'un homme infidèle et menteur. Car il faut aussi parler de Jason. Lui aussi échoue sur le rivage, à chaque équinoxe, seul ou avec ses compagnons d'infortune et d'aventures, en quête de la fabuleuse moisson de richesses que cette terre nouvelle offre à profusion. Et, chaque fois, une fille naïve et jeune s'apprête à se damner pour lui offrir, en gerbe, le tribut de l'héritage paternel. [...] Médée, la folle, damnée pour un homme qui ne l'aima jamais. Elle le sait. Elle l'a toujours su (18-9).

Si « rien ne peut ou ne doit arrêter» Médée, c'est que le récit mythique de Bosco ne porte déjà en lui «nulle surprise heureuse au dénouement» (19). Mais la désignation du texte comme «ébauche pour un drame» à la page couverture rappelle aussi non seulement son intertexte euripidien, mais la nature inachevée du récit mythique. La mythopoesis se présente toujours comme une «ébauche», sujette à la répétition ainsi qu'à la fissure. Or, si « les circonstances changent», entend-on dire le chœur, «la trame demeure la même» (19). Médée recommence donc son « effroyable labeur » avec chaque incarnation, « à chaque nouvelle génération » et « depuis des siècles et des siècles ». Nous y reviendrons.

Aussi *New Medea* s'apprête-t-il à traiter du « côté sombre » de la maternité, au dire d'Adrienne Rich. Mais il le fait d'abord en soulevant les questions de la responsabilité et de l'autonomie du sujet, soumis à ces forces extérieures, ici mythiques, agissant assurément contre lui. Comme nous le notions au premier chapitre, qui dit « je » le dit fort difficilement dans ce texte, ne se manifestant que par fragments ontologiques énoncés au travers du temps et du langage : « Médée. C'est moi. Moi. [...] Médée. [...] Je suis Médée. [...] Médée. C'est moi » (9-14). De plus, l'intrigue se constitue non par l'énonciation d'un sujet fondateur autosuffisant, mais à partir d'une polyphonie inhérente à cette mythopoesis, soit la multitude de ses voix narratives : celles de Médée, de sa nourrice Cora, de Jason et du chœur. Comme nous le verrons également dans le roman de Christa Wolf, Médée, c'est le sujet emmuré par les autres, une légende racontée par de nombreuses voix narratives.

La nouvelle Médée est-elle simplement asservie à cette polyphonie qui la compose, soit aux forces incontournables de sa destinée mythologique ? Si oui, ne faudrait-il pas aussitôt l'exempter de ses crimes ? Ou alors, Médée aurait-elle pu renoncer à ce nom « en héritage » ? Le sujet mythique possède-t-il en lui une souveraineté pour agir contre son propre destin ? Ce sont des questions qui travaillent les deux prologues du roman et qui font à nouveau rappeler sa parenté au théâtre et plus précisément à la tragédie grecque. Bien qu'Euripide tienne ses héros le plus souvent à l'écart de l'intervention divine dans les passions humaines, pour les Grecs, le destin et la fatalité se portaient « dans le sang » (« *in the bloodstream* »), au dire de William Storm. Ainsi, l'émergence du genre tragique au Ve siècle athénien « soupèse les parts du destin et du libre arbitre dans un univers où cohabitent la justice de Zeus et les lois humaines » et « pose à travers des histoires terribles, la question de la responsabilité humaine » (Cousineau 29). Comme nous l'observions au chapitre précédent, s'est ajoutée au drame moderne la psychologie du héros et donc les forces contraires de cette subjectivité – à la fois déterminée par les contraintes de son encadrement social et souveraine dans ses choix et ses actions.

Une telle « dialectique puissante » (Storm 117) s'étançonne dans *New Medea*. Prétendument impuissante devant sa « lamentable histoire de délire et de malédiction » (19) qui la conduit à son jeu hasardeux contre Jason, Médée aura néanmoins « choisi » son sort (22). Le chœur indique ainsi toujours : « Toi, tu as librement choisi ton destin abominable. Tu as volontairement anéanti les mâles de ta famille » (22). Ce choix dit « libre » renvoie, certes, à la lucidité déconcertante de l'héroïne d'Euripide, « audacieuse innovation » (Delcourt 129), rappelons-le, du tragédien. Le chœur vient donc aussi reléguer à Médée son autonomie – précisément son « pouvoir faire » (au sens ricœurien), son agentivité ici non exercée ainsi que la responsabilité de ses actions : « Médée, menteuse, faiseuse d'histoires. Rien de banal ne pouvait t'arriver et tu as donc décidé de jouer, à plein, ce rôle horrible » (22-3). Si Médée décide par elle-même de perpétrer son infanticide, c'est elle, et non (du moins strictement) son destin ou sa fatalité prédéterminée, qui en est (du moins en partie) la responsable. Bien que la tragédie s'accomplisse et que la nouvelle Médée exécute son plan meurtrier sans faute, Bosco refuse d'attribuer pleinement à sa protagoniste le déterminisme de sa légende mythique. Les évocations d'un théâtre bien classique (c'est-à-dire psychologisé) dans le texte semblent ainsi prendre le dessus sur son appartenance à la tragédie antique dont le héros serait en effet impuissant devant sa destinée fatale. Encore que la nouvelle Médée, capable d'agir contre les forces fatales de son propre mythe, ne le fait pas.

Une maternité inédite

Alors que le chœur traite Médée de folle à maintes occasions, il signale néanmoins que « la folie n'explique rien » et une fois de plus, « [c]ette démence fut librement acceptée et choisie. Désir profond de se perdre, à jamais, dans le culte idolâtre d'un homme vantard et vain »… (19) Encore ici, Médée n'est pas folle, elle n'est pas monstre non plus, bien que le crime se veuille fou et monstrueux, une « affreuse aventure de vengeance et de mort » (19). À la manière de Marie Cardinal, Bosco ne recule pas devant cette mère infanticide qu'elle admet dans la symbolique sociale, la dure réalité de cette femme « qui ne sai[t] pas perdre » (21) et se jure de gagner contre l'homme adoré jusqu'au « reniement de soi » et au « sacrifice des innocents » (19).

New Medea ne relègue donc pas sa propre légende simplement à la sorcellerie ou encore à la folie, à ce qui serait hors du domaine humain ou commun. Comme le précise toujours le chœur :

> Je pleure sur toi, Médée, toi qui es une femme comme moi.
> Il serait trop facile de t'écarter du royaume, de feindre que
> tes crimes te mettent à part du lot commun (22).

Bosco appréhende sa Médée non dans le royaume des Titans, d'où elle est pourtant issue, non dans la lignée des sorcières perverses, malgré son lien parental avec la fabuleuse Circé, mais dans ce « lot commun » sur lequel insistait aussi Deborah Porter, d'« une femme comme moi » (22). D'une maternité qui voue à l'anéantissement la vie qu'elle seule peut en dernier lieu engendrer… Médée propose une maternité agressive et désolante, mais qui demeure maternelle – coupable, humaine, commune – néanmoins.

Il faut en convenir, la Nouvelle Médée se démarque des mères infanticides de Cardinal, de Porter, de Rame et de Moraga, puisqu'elle n'est pas, du moins manifestement, victime de conditions sociohistoriques difficiles. Elle est une mère dangereusement

défectueuse, et cela, déjà bien avant l'aboutissement de l'infanticide. Contrairement à l'héroïne d'Euripide et à la plupart de ses
réincarnations contemporaines, la Nouvelle Médée n'arrive pas
à aimer ses enfants, issus de l'« [h]orrible lutte entre soi et l'autre »
(*New Medea* 13), entre Jason et Médée : « Pauvres enfants. Médée
voudrait les aimer. Mais aucun autre sentiment ne peut se faire
jour en son âme » (52). Elle les tue non avec haine ou avec
l'appétit vorace d'une mère dévorante, mais avec un sang-froid
inébranlable. Le texte signale à nouveau sa propre mythopoesis
audacieuse, rappelant toujours par l'intermédiaire du coryphée :
« Aucune autre légende de tes métamorphoses n'a osé avouer que
ces enfants, finalement sacrifiés, n'ont jamais été aimés. Même
au tout début » (24). Ces « malheureux enfants » (19) tremblent
à la vue de leur mère, ressentent le danger mortel que leur pose
la lutte entre leurs parents : « Les enfants ont peur. Peur de leurs
propres parents » (131). Ils ne sont pas l'objet de cet amour déchi-
rant que leur manifeste la Médée d'Euripide[79].

Les « rêves meurtriers » (20) de la Nouvelle Médée pointent
vers une autre vérité difficilement admissible, celle d'une maternité non seulement associée d'emblée à la mort, mais aussi à
l'indifférence, l'amour et la haine étant réservés à « Jason. Unique
obsession » (52), au nom de laquelle Médée tuerait frère ou
enfant :

> Médée, fille du soleil, mère de la nuit mortelle, grâce à toi,
> sans fard, sans excuse, la vérité est là, dévoilée enfin après

79. Au fait, dans son article sur l'affaire Villemin, Marguerite Duras écrira :
« Toutes ces circonstances, ces erreurs, ces imprudences, cette priorité
qu'elle fait de son malheur sur celui de la perte de son enfant – et autre
chose comme ce regard toujours pris de court – me porteraient à croire
que l'enfant n'aurait pas été le plus important dans la vie de Christine V.
Il arrive que les femmes n'aiment pas leurs enfants, ni leur maison, qu'elles
ne soient pas les femmes d'intérieur qu'on attendait qu'elles soient »
(47-8). Le texte suscitera une indignation incalculable. Il « fera de Duras
l'écrivain le plus détesté de son vivant » (Mavrikakis, « Duras » 22).

tant de pieux mensonges. Dure vérité que l'on se plaît à
oublier. Ce temps de l'enfance, ces longues années de faiblesse
dépendante, il est doux de feindre qu'elles se sont tout
entières passées dans le giron rassurant d'une mère. Enfance
bercée, choyée, chantée. Le règne animal, lui-même, est pris
à témoin de cet instinct maternel plus fort que la peur de la
mort. Contes, fables, poèmes, tout célèbre l'amour de la mère
pour l'enfant [...] Tu viens tout déranger avec ta passion
contre nature. Ainsi, l'amour de l'homme est le plus fort. Tu
l'as prouvé, Médée. Rien ne compte, pour toi, sinon cet aveugle
amour, cette passion charnelle que rien ne peut assouvir (20-1).

Si l'instinct maternel fait défaut, si la passion enragée de
Médée se veut « contre nature », c'est que la nouvelle Médée vient
déranger le concept même de l'Éternel féminin qu'il serait, en
effet, plus « doux de feindre ». Bosco souligne les dangers que peut
poser une femme à ses enfants, ici de « précieux otages » (52)
régulièrement dopés pour faire rentrer le père qui s'inquiétera
des convulsions mystérieuses de ses fils. Elle ne désavoue pas le
fait que, parfois, « l'amour de l'homme est le plus fort ».

Bosco se distingue une fois de plus d'Euripide en extirpant
à Médée ses racines sacrales. La Nouvelle Médée ne revivra pas,
elle ne se vouera pas à la déesse Hécate ou ses enfants au culte
d'Héra, elle ne s'envolera pas vers un autre monde dans le char
tiré par les dragons ailés de son grand-père Hélios. Si Médée
incarne « la mort des autres », elle incarne aussi sa propre mort,
assurément la fin de sa grandeur mythique que lui réservait
malgré tout la tragédie d'Euripide, une grandeur qui ne survit
pas à l'américanité de l'espace romanesque de Bosco. Après la
réalisation de son destin mythique, Médée s'enfoncera « dans la
nuit qui l'attend » (*New Medea* 149) et ira rejoindre les démunis
et les marginaux de ce monde : « Médée va s'y perdre. Retrouver
les siens. Les monstres qui hantent la ville [...] On peut traîner
longtemps dans cet enfer » (149). Enfin, *New Medea* problématise l'antinomie ontologique notée au début de ce chapitre ainsi
qu'au premier chapitre par rapport à l'*Antigone* de Sophocle
selon la lecture de Judith Butler. Les forces fatales de son héritage

mythique sembleraient condamner l'héroïne à son destin abominable : Médée au terrible dénouement du parjure de Jason, Antigone (fille du malheureux Œdipe) à la condamnation à laquelle elle et sa fratrie sont soumises[80]. L'interrogation de Butler à ce sujet pourrait aussi bien se diriger à l'endroit de Médée : « *How does one grieve from within the presumption of criminality, from within the presumption that one's acts are invariably and fatally criminal?* » (79). Cependant, Médée reste « une femme comme moi » qui « choisit » librement de perdre et « de se perdre ». Le choix est exercé par une femme foncièrement déficiente dans son rôle de mère et que *New Medea* introduit dans le discours féministe sur la maternité.

Christa Wolf : des voix pour Médée

Des voix mythopoétiques

Du côté de Christa Wolf, Médée se veut à nouveau le sujet mythique par excellence, étant donné qu'elle s'avérera être le produit de son propre mythe. La protagoniste de Wolf est tout

---

80. Fait remarquer Butler, « *In this play, at least, Antigone's kin are condemned prior to her crime, and the condemnation she receives repeats and amplifies the condemnation that animates her actions* » (« Antigone's » 79). Ainsi peut-on lire, dans la traduction française de Leconte de Lisle du texte grec de Sophocle, le dialogue entre le chœur de la tragédie et Antigone :
   Le Coryphée
      En ton extrême audace, tu as heurté le siège élevé de Dicé, ô ma fille ! Tu expies quelque crime paternel.
   Antigone
   Antistrophe III.
      Tu as touché à mes plus amères douleurs, à la destinée bien connue de mon père, aux désastres de toute la race des illustres Labdacides. Ô calamité des noces maternelles ! Ô embrassement de ma mère malheureuse et de mon père, elle qui m'a conçue, et lui, malheureux, qui m'a engendrée ! Je vais à eux, chargée d'imprécations et non mariée. Ô frère, tu as joui d'un hymen funeste, et, mort, tu m'as tuée ! (853-71)

aussi paradoxale que la Nouvelle Médée, précisément à l'endroit
d'une souveraineté agente possible, mais non exercée, devant
un destin mythopoétique qui semble se vouloir imparable.

Le roman *Médée : voix* propose l'une des deux Médées
non infanticides de notre corpus (l'autre figure dans le roman
Petroleum de Bessora). « Infanticide ? Pour la première fois, ce
doute » annonce la préface de l'auteure (11). La Médée de Wolf
est, pour ainsi dire, déculpabilisée par la révision mythopoétique
de cette œuvre, qui conteste intégralement la version de la
légende entérinée par Euripide. Mais à l'instar de ses contemporaines, Wolf cherche d'abord à mettre en relief les modalités
mêmes de sa réécriture, qu'elle traite en fonction de cette supplémentarité perpétuelle inhérente à tout récit mythique – à
toutes « légendes » qui « s'amplifieront » (Wolf, *Médée* 40) avec
le temps et les circonstances changeantes d'une civilisation. Ainsi,
au sujet de la supposée victoire de Jason contre le dragon et
son obtention de la Toison d'or, la narratrice Médée constate :
« Chaque fois, l'histoire s'est un peu modifiée, en fonction des
attentes de ceux qui m'écoutaient pour qu'ils aient vraiment
peur et qu'ils puissent à la fin être vraiment soulagés » (69).

Écrivaine de renommée internationale, Christa Wolf est ori-
ginaire de l'ancienne Allemagne de l'Est et a connu, tout comme
sa protagoniste, et depuis la chute du mur de Berlin en 1989,
une réputation qui n'a pas été sans controverse, mais qui s'est
voulue douloureuse et préjudiciable pour l'auteure. L'expression publique de ses inquiétudes à l'endroit d'une unification
allemande expéditive (préconisée par le chancelier à l'époque,
Helmut Kohl) n'a pas su améliorer sa situation lorsque fut révélée,
quelques années plus tard, la collaboration de Wolf avec la *Stasi*
entre 1959 et 1962. D'où, comme le fait remarquer Marie Goudot,
« Médée, réfugiée, *immigrante* venue de Colchis à l'Est, devien-
drait la figure de celle qui refuse de se laisser prendre au mirage
du bonheur clinquant de l'Ouest » (527). Il n'est pas surprenant
que sa *Médée* ait été, et cela, à maintes occasions, interprétée
comme allégorie politique : une « *fully-fledged political allegory,*

then, about the scapegoating of a dissenter and about the two German states» (Watlkins 133). Selon cette interprétation privilégiée par plusieurs études critiques du roman, on défricherait dans *Médée* une réaction publique de l'auteure à ses accusateurs au moyen d'une fiction cherchant à rétablir un personnage stigmatisé : la Medea, bien sûr, et Christa Wolf elle-même[81].

Le rapport entre cette controverse politique et la diégèse du roman soulève deux problématiques animant le récit de Wolf : la responsabilité et l'innocence. Mais d'abord, nous nous arrêtons sur la structure même du roman, qui met en lumière, encore ici, les composantes de sa mythopoesis médéenne. Comme le laisse entendre le sous-titre de l'ouvrage, c'est une polyphonie narrative de diverses « voix », souvent divergentes, qui créent tour à tour *leur* Médée. Six voix narratives se suivent, se croisent, se questionnent et se corrigent, y compris celles de Médée, fille du roi Aiétès de Colchide, de l'Argonaute Jason, d'Agaméda, ancienne élève colchidienne de Médée, des astronomes royaux Akamas et Leukos de Corinthe et enfin de Glaucé, fille du roi Créon et de la reine Mérope. La trame polyphonique donne à lire un sujet mythique comme produit même d'une mythopoesis fabriquée par les autres, mais aussi, comme nous le verrons, par Médée elle-même. Comme le constate si pertinemment Leukos, seul narrateur véritablement, or passivement, sympathique à la cause de Médée, le palais de Corinthe est « un lieu aux cent oreilles et aux cent bouches, et chacune d'elles chuchote quelque chose de différent » (278).

La multiplicité narrative fait donc avancer une intrigue axée sur la transformation de Médée en bouc émissaire d'une cité « fondée sur un crime » (18), « un forfait » (29) précisément infanticide que la protagoniste aura eu le malheur de découvrir : le sacrifice de la fille aînée de Créon, Iphinoé, assassinée selon les ordres de son père, pour entraver la reprise du pouvoir d'une

81. Voir aussi les études de Arns, de Cole et de Scribner.

lignée matriarcale menaçant le royaume. Comme le montrera aussi le meurtre des enfants de Médée, bel et bien aux mains des Corinthiens cette fois, l'ancienne pratique du sacrifice humain est évidemment toujours présente dans cette culture dite au sommet de toutes civilisations humaines. L'ironie n'échappe pas à Leukos lorsqu'il constate : « Lapidés ! hurlent-ils. Comme ils le méritaient. Le soleil se lève. Comme elles brillent, les tours de ma ville, dans la splendeur du matin[82] » (283). Médée, quant à elle, est le sujet mythique par excellence. Elle est l'aboutissement non seulement de perpétuelles transcriptions, mais aussi de fragments de mémoires et de vérités personnelles dangereusement subjectives et intéressées de la peur et de l'ignorance. Médée est victime des ambitions politiques et de la jalousie haineuse de ses ennemis. Corinthiens et Colchidiens font circuler une collection croissante de rumeurs à son compte, carrément pour la détruire. Objet d'immense curiosité initiale et de xénophobie éventuelle, la princesse colchidienne est d'abord celle « qu'on appela bientôt la belle sauvage » (141) à Corinthe pour devenir ensuite « une Barbare que l'on craint tout autant qu'on la méprise » (138).

Médée se trouve ainsi faussement accusée d'un crime après l'autre, d'autant plus absurdes qu'abominables. Les « voix » éponymes signalent donc non seulement la prise de parole narrative des différents personnages, mais « aussi des voix anonymes, menaçantes ou calomnieuses, celles des Corinthiens

---

82. Cette version de la mort des enfants de Médée et de Jason est probablement tirée des recherches de Robert Graves qui offrait cette hypothèse pour expliquer le rite ancien des sept garçons et des sept filles consacrés tous les sept ans au temple d'Héra. Selon Graves, le rite proviendrait de la commémoration des enfants morts de Médée et surtout du crime des anciens citoyens de Corinthe. Il s'inscrit, par ailleurs, dans l'intrigue révisionnelle de Wolf : « Arinna dit que lorsque sept ans se furent écoulés après la mort de mes enfants, les Corinthiens ont choisi sept garçons et sept filles de familles nobles. Ils leur ont rasé la tête. Les ont envoyés dans le temple d'Héra où ils doivent rester une année entière, en mémoire de mes enfants morts. Et tous les sept ans, on recommencera » (288).

qui accusent Médée » (Merchiers 98) du meurtre de son frère
Absyrtos – ordonné en réalité par leur propre père, le roi de
Colchide. On accuse Médée également d'avoir causé un trem-
blement de terre et une peste dévastatrice dans la ville de
Corinthe. Elle aurait aussi suscité la violence d'une foule féminine
qui s'en prend à un malheureux aide royal, castré lors d'une
manifestation frénétique. Quant au suicide de la future financée
de Jason, Akamas « fournit la version officielle à laquelle chacun
doit se tenir, sous peine de mort : Médée a envoyé à Glaucé une
robe empoisonnée » (Wolf, *Médée* 278). Enfin, Médée sera accusée
du crime pour lequel nous la connaissons aujourd'hui, le double
filicide, alors qu'en vérité ses fils auront servi de victimes sacri-
ficielles aux Corinthiens qui les lapideront afin de délivrer la ville
de cette peste attribuée à la présence étrangère de Médée.

Ce sont les forces dangereuses de la création mythique qui
se manifestent ici. Médée figure au cœur d'anciennes et de
nouvelles interprétations de sa légende, toujours en pleine évolution. Médée est, encore ici, mais au sens double du terme, un
sujet « en procès » : elle « devient » Médée sous l'assemblage de
ces « voix » dans le courant implacable des rumeurs criminelles
qui circulent sur son compte et pour lesquelles elle sera finalement jugée, condamnée et exilée.

Des sujets dialogiques

Comme les « voix » ou *stimmen* éponymes évoquent la polyphonie du récit, elles attestent aussi son fonctionnement intertextuel, ou encore, pour emprunter à Bakhtine, son dialogisme.
« L'orientation dialogique du discours est, naturellement, un
phénomène propre à tout discours [...] de toute parole vivante »
(Bakhtine, *Esthétique* 102) ; elle fait voir « la présence de l'autre
dans tout discours » (Merchiers 99). Comme le désignait *New
Medea*, à l'intérieur de cette interaction d'énoncés, le « je » parlant
appartient toujours déjà à autrui. Le dialogisme du roman de
Wolf divulgue le sujet mythique « Médée » précisément en tant

que véritable sujet discours, confectionné par les différentes instances narratives du récit.

L'un des créateurs du mythe de l'infanticide Médée les plus redoutables est Akamas. Instigateur des premières rumeurs diffamatoires, il est assisté par Presbon et l'haïssable Agaméda, compatriotes jaloux de la princesse colchidienne. On pensera au dénigrement, chez Platon, du mythe comme simple rumeur fictionnelle alors que les « histoires différentes, voire contradictoires » (Wolf, *Médée* 39) à propos de Médée se propagent et prennent de plus en plus d'ampleur calomnieuse. Une chose est certaine, la mythopoesis est loin d'être une entreprise neutre et elle se veut ici dialogique, toujours au sens bakhtinien du terme. Le récit d'Akamas, ainsi que le procès damnant contre Médée qu'il met en marche, relèvent d'« une véritable interaction socioverbale » (43), comme l'explique Joseph Bonenfant à l'égard du dialogisme, d'une interaction subtile mais bien brutale visant à la fois à constituer et à hausser la portée des peurs et des soupçons des Corinthiens. Comme le constate Agaméda commentant l'hypocrisie du Premier astronome du roi :

> L'un des principes : son idée fixe d'être un homme juste. Je ne parvenais pas à croire qu'il le pensait sérieusement, mais quand il commença à rassembler tout ce qui parlait en faveur de Médée, j'ai compris qu'*il accueillerait volontiers toute preuve contre Médée qu'on lui fournirait* » (103 ; nous soulignons).

Les modalités dialogiques de la mythopoesis sous-tendent aussi la réputation de Jason comme « tueur de dragon », rappel du fameux pillage de la Toison d'or en Colchide. « Ils ont fait de chacun de nous celui dont ils ont besoin », constate Médée : « Toi, le héros, moi la méchante femme » (69-70)[83]. Loin d'être

---

83. Au fait, cet élément de la légende Médée/Jason n'échappe pas à la version révisionnelle de Wolf. Ici, c'est Médée la guérisseuse qui en vérité a assoupi le serpent en lui versant elle-même quelques gouttes de sève de genévrier dans les yeux (69).

inoffensives, les premières légendes au sujet de Médée circulant dans la cité insinuent magie et sorcellerie. Ses remèdes « auraient fait du mal à la vieille mère du roi, ce que personne ne croyait d'ailleurs » (63), par exemple, bien que cette accusation lui collera à la peau plus tard. Au sujet du bannissement éventuel de Médée et de sa nourrice Lyssa, on entendra même dire à Corinthe que c'est « la déesse Artémis elle-même qui aurait conduit les fugitives en lieu sûr en les faisant monter dans son char attelé à des serpents » (277) – un rappel, par ailleurs, de cette dernière scène flamboyante chez Euripide mais, aussi, des liens mythologiques de Médée avec Hécate, déesse de la chasse comme Artémis[84].

Le tissage dialogique de rumeurs s'affairant à créer une mythopoesis médéenne se manifeste aussi dans la « voix » même de Jason. Selon Julia Kristeva, ce que fait entendre le discours dialogique est la crise moïque, le « morcellement du "je" – son polymorphisme » (Kristeva, « Une poétique » 13). Jason évoque ce sujet « par là multiple et insaisissable, polyphonique » (13) et ajoutons, non fiable. À la manière de Leukos éprouvant « des gradations dans le savoir » (202) par rapport à ce qui est vrai et faux à Corinthe, Jason sait la vérité, et ensuite, il ne la sait plus. Il est déstabilisé par « l'art du mensonge » (134) des autres, par ces rumeurs à l'endroit de Médée qui se chevauchent et, comme toute mythopoesis, se suppléent. Tout le récit de Jason fait preuve de son manque de fiabilité que renforceront ses propres énoncés : « elle m'a ensorcelé » (57), « je ne sais plus exactement moi-même ce qui m'est arrivé » (69), « je dois l'oublier » (81). Dûment conscient de l'hypocrisie et des « fausses raisons » (84) attribuées à sa femme, il s'en convainc lui-même. Au sujet de la mort du frère de Médée, Jason reconnaît aussitôt qu'elle « a dû agacer

---

84. Dans ses évocations des liens que partage Médée avec Hécate, Héra et Artémis, Wolf semble travailler de très près avec les recherches féministes menées notamment sur les associations de Médée à la déesse Héra Akraia qui compose une trinité avec Hébé et Hécate. Voir Johnston.

Akamas, sinon il ne ressortirait pas cette vieille histoire, qui est en plus dénuée de preuves, pour la répandre partout » (52), ce qui, néanmoins, ne l'empêche pas d'accepter la fiction du premier astronome :

> [E]lle m'a ensorcelé, me suis-je dit, et c'est bien ce qui s'est passé. Et c'est ce qu'elle veut continuer de faire, Akamas a raison. Et il faut que je veille à ne pas retomber sous l'emprise de ses tours car bien sûr elle va me raconter encore une de ses histoires sur la mort de son pauvre frère qui paraissent si crédibles tant qu'elle vous fixe de son regard, mais il faut maintenant que je me cuirasse pour ne pas me faire avoir par elle une fois de plus. (57)

Le *savoir* signifie donc peu lorsque la rumeur détermine ce que doit croire le corps social, lorsque « tous ceux qui la mettent en cause sont des menteurs » (52). De son côté, Glaucé, fort troublée et sévèrement épileptique, signale le lavage de cerveau qu'elle doit s'imposer afin d'exorciser son affection pour Médée qui se montre pourtant bonne et généreuse envers elle :

> [J]e dois effacer de ma mémoire le nom de cette femme, que je fasse sortir complètement cette personne de mon cerveau, l'arracher de mon cœur [...] elle qui restera toujours pour nous une étrangère. Turon a sans doute raison de l'appeler traîtresse, de l'accuser de se livrer à la magie noire (168).

Comme le constate à son tour Médée devant le désastre que lui réservent les fabulations d'Akamas : « Cela voulait dire que tout le monde ne saurait pas toujours ce qu'il sait » (118). « Mais que signifie savoir, demande cette fois Glaucé ? On peut se laisser raconter tant de choses, n'est-ce pas ? » (192). Il revient à Médée de résumer la perspective certes anticartésienne imposée par les modalités mythopoétiques à l'œuvre dans ce roman : « Il n'y a plus de fondement auquel la conscience puisse se référer » (214).

Je deviendrai Médée

Comme la nouvelle Médée de Bosco, la Medea révisée de Wolf incarne sa propre mythopoesis, se trouve déterminée par cette polyphonie d'énoncés discursifs qui la nomment, l'accusent et la réduisent encore ici à une monstruosité infecte : « Monstre, me lança-t-elle [...] leur répétant ce mot pour me qualifier, ce mot qu'ils ont attendu et qu'ils seront ravis de reprendre » (241). Comme le constate Marie Goudot, « c'est de ce devenir de la figure mythique dont il est une fois encore question » (532). La protagoniste devient en effet Médée, à l'instar de sa tante Circé tout aussi infâme, qui décrit son propre devenir mythopoétique :

> Je finirai par devenir vraiment méchante. Peu à peu, je deviendrai méchante et resterai sur le rivage à proférer des malédictions, n'autorisant personne à aborder sur l'île. Toute la méchanceté, la bassesse et l'infamie qu'ils déversent sur moi finissent par me coller à la peau (133-34).

De même que l'avenir mythique de Circé, celui de Médée se grave petit à petit dans le récit, sa fin étant prédéterminée par le travail d'Akamas. Ce dernier a même la tendance sinistre de parler de Médée et de ses enfants au passé alors qu'ils sont toujours vivants : « elle mit ses enfants au monde, c'étaient des jumeaux, je veux dire ce sont des jumeaux, deux garçons pleins de santé et de force » (144) ; « Elle croyait, mais pourquoi au fait dois-je parler d'elle au passé, elle croit » (149). Leukos aussi semble anticiper le destin mythopoétique de Médée, soit sa déchéance inévitable : « La peste s'étend. Médée est perdue. Elle dépérit. Elle dépérit sous mes yeux et je n'y peux rien faire. Je vois ce qui va lui arriver » (197); [...] « elle m'embrasse et j'embrasse une femme qui n'est plus là » (199). Aussi la femme cède-t-elle au mythe, comme le constate Médée elle-même : « Nous en sommes au point où, pour cette façon d'être au monde qu'est la mienne, il n'existe plus de modèle » (214).

Le mythe de Médée est donc toujours aux prises avec l'instabilité de sa *poesis*, des « voix » qui la façonnent. Ainsi, selon Jason, Médée est une sorcière buveuse de sang sacrificiel, donc à la fois désirable et redoutable. Aux yeux dangereusement jaloux d'Agaméda, Médée est une matriarche fière et méprisante. Glaucé nous livre à son tour une Médée puissante, exotique, affectueuse, « cette femme » (168) qu'elle est désormais appelée à « arracher de [son] cœur » (168). Enfin, Médée se montre l'égale intellectuelle d'Akamas qui ne manque pas d'admiration secrète pour elle alors que Leukos exprime sa crainte pour Médée en vue de l'intrépidité, de l'impétuosité et de l'insouciance orgueilleuse de son amie.

Mais serait-ce plutôt le discours de la Médée sénéquienne que rappelle d'emblée la protagoniste de Wolf – du moins celle qui avertissait sa nourrice, « *Medea…Fiam* » (Je deviendrai Médée) dans le courant de la tragédie latine alors qu'au moment même de frapper le premier de ses deux fils infortunés, elle proclamait : « *Medea nunc sum* » (Maintenant je suis Médée) ? La Médée de Wolf déclare à son tour : « Je me dis, je suis Médée, la magicienne, si c'est cela que vous voulez. La sauvage, l'étrangère » (236). Autrement dit, Médée annonce son devenir mythopoétique et anticipe son long parcours mythique et ontologique ainsi que ce réseau interdiscursif qui la transcrit et la reconstitue depuis les Anciens. Je *deviendrai* Médée ; *maintenant* je suis Médée ; *je me dis* je suis Médée. Ces affirmations identitaires, citationnelles, néanmoins péjoratives soulignent l'effacement ontologique de la femme Médée dans le dialogisme de son récit. La polyphonie cèdera bien à la campagne diffamatoire d'Akamas, finalement dominante et univoque. Médée s'interrogera donc une dernière fois : « Où vais-je aller. Y a-t-il un monde, une époque où j'aurais ma place ? Personne, ici, à qui le demander. Voilà la réponse » (289). Sa dépossession rappelle d'autant plus le précepte qui englobe le *Dasein* heidegerien : « Pas de monde sans un soi qui s'y trouve et y agit, pas de soi sans un monde praticable en quelque façon » (Ricœur, *Soi-même* 360).

Une fin inévitable ?

À travers des motifs de responsabilité et d'innocence, Christa Wolf, à la manière de Monique Bosco, problématise davantage le sujet mythique par rapport aux forces sociodiscursives qui le déterminent, mais aussi en fonction de sa souveraineté et de son agentivité. Étant donné ce véritable dépouillement de Médée par les voix mythopoétiques du récit, que reste-t-il de l'appartenance à soi du sujet, à savoir de sa « puissance d'agir » (toujours au sens ricœurien) ? D'abord, force est de constater que c'est le « je » de Médée elle-même qui retentit le plus fréquemment dans les récits du roman. Dans cette cacophonie de fictions, c'est bien la voix de Médée qui s'élève au-dessus des autres. On pourrait aller jusqu'à dire que Médée recèle une certaine cohérence narrative, voire une autonomie subjective quelconque. Après tout, c'est elle qui aura le dernier mot. Médée parle beaucoup dans le récit, elle parle à la première personne comme les autres narrateurs, mais sans jamais mettre en doute, comme le font Jason ou Glaucé, par exemple, la fiabilité de ses propres propos, ses intentions ou ses croyances. Saurait-elle dire malgré tout, « "Me voici !" », un « maintien de soi » selon Ricœur, une « identité narrative [qui] se tient effectivement dans l'entre-deux » de la possession et de la dépossession (*Soi-même* 195)[85] ?

Conséquemment, la question d'ordre ontologique posée par la nouvelle Médée de Bosco – le sujet mythique a-t-il la véritable capacité de renoncer à son terrible héritage ? – Médée

---

85. À l'évidence, Ricœur soumet sa philosophie du sujet à l'analyse qu'il mène dans les volumes de *Temps et récit*. Il continue ainsi : « en narrativisant le caractère, le récit lui rend son mouvement, aboli dans les dispositions acquises, dans les identifications avec sédimentées. En narrativisant la visée de la vraie vie, il lui donne les traits reconnaissables de personnages aimés ou respectés. L'identité narrative fait tenir ensemble les deux bouts de la chaîne : la permanence dans le temps du caractère et celle du maintien de soi » (195-96).

se la pose ici à elle-même, faisant basculer le genre romanesque une fois de plus dans le genre tragique :

> Maintenant, tandis que j'attends sur ce banc dans cette chambre qui ressemble déjà au cachot qu'elle peut devenir très vite, *je me demande si cette fin était inévitable. Si je me retrouve sur ce banc à la suite d'un enchaînement de circonstances plus fortes que moi ou bien si quelque chose d'incontrôlable en moi m'a poussée dans cette direction.* Il est en vain d'y penser maintenant. Mais *il serait plus facile d'accepter d'être anéantie des forces extérieures,* c'est vrai. (236 ; nous soulignons)

Sujet initiateur et responsable ou encore femme « anéantie des forces extérieures » ? L'ambivalence de l'œuvre à cet égard n'échappe pas à l'analyse de Helen Bridge : « *Ultimately, the text is ambivalent. While events do seem to follow an inevitable pattern over which no individual has control, the questions of what causes this pattern is left open* » (41). D'une part, la Médée de Wolf semble s'opposer au déterminisme d'une « loi qui s'impose à nous comme au cours des planètes » (221), aux « destinées humaines [...] rattachées à la course des astres » (227). D'autre part, la question tourmente toujours Leukos, dont une bonne partie de la narration se consacre à réitérer, voire réclamer, son impuissance devant le déroulement fatal soi-disant inévitable de la chute de Médée : « je n'y peux rien faire » (197) ; « Ce qui s'est produit, on ne peut pas le défaire. Ce qui doit se passer s'est décidé depuis longtemps sans nous. [...] Je pense qu'un rouage s'est mis en marche, que personne ne peut plus arrêter. Mes bras sont paralysés » (221). Or, un discours déterministe pareil fait ressortir la lâcheté de cet homme toujours haut placé dans la maison royale, dont la survivance dépend du fait qu'il n'interviendra pas, comme il le pourrait, dans les manigances d'Akamas : « Je sais en effet que ni moi ni personne ne pourrons les changer, et c'est pourquoi je n'interviendrai pas dans la machine meurtrière qu'ils font tourner » (281).

Aussi la question de l'innocence de Médée fait-elle surface. Dans le discours social tenu sous l'autorité d'Akamas, la purgation de toutes fautes et la justification de tout acte s'effectuent par l'intermédiaire de boucs émissaires comme Médée ou encore par le recours aux dieux et aux anciennes traditions. C'est encore Circé, fabuleuse sorcière dont l'île est visitée par de nombreux marins sillonnant la Méditerranée, qui fait voir le lien entre une pensée déterministe et la lâcheté humaine :

> Ils cherchent une femme qui leur dise qu'ils ne sont coupables de rien ; que ce sont les dieux, que le hasard les fait adorer, qui les ont entraînés dans ces aventures. Que la trace de sang qu'ils laissent derrière eux est indissociable de cette virilité que les dieux leur ont assignée. De grands enfants, de terribles enfants, Médée (132).

Bouc émissaire de ces « terribles enfants » cherchant à se purger de leurs crimes, Médée, comme Circé, affirme son innocence, ostensiblement la dernière et seule « vérité » du roman. Soit, si cette vérité allait de soi. Par ailleurs, Bridge reproche à Christa Wolf de n'avoir créé qu'un nouveau mythe dans sa révision, effectivement celui d'une Médée innocente : « *What is problematic about her approach is the idea that it is possible to scrape away the layers of interpretation this work has deposited, in order to retrieve a version of events which antecedes the distortions of myth* » (37). Cependant, Bridge ne tient pas compte du fait que l'innocence de Médée ne cesse de se faire déstabiliser, et cela, par Médée elle-même.

En effet, un sens de la culpabilité tourmente tous les récits de Médée qui s'interroge sur cette responsabilité qu'elle détiendrait vis-à-vis les événements survenus autour d'elle. Tout en évoquant *New Medea*, le « dialogisme interlocutif » (Merchiers 100) de la narration de Médée est d'une part destiné à sa mère, qu'elle interpelle d'un ton confessionnel dans son premier monologue

et il s'adresse d'une autre part à son frère défunt, Absyrtos[86].
C'est le souvenir des yeux de sa mère ayant « gravé dans mon
cœur un mot jusque-là ignoré : celui de faute » qui hante
toujours Médée (17). Car Médée, c'est aussi la fille qui a abandonné sa mère, c'est la fille qui trahit également son père et sa
patrie pour un étranger, celle qui n'a pas su protéger son petit
frère :

> [I]l m'était impossible de coucher dans la maison de mon père
> avec un homme qui le trompait. Le trompait avec mon aide,
> mère, mais oui, c'était cela la cruauté de cette situation et
> me déchirait, je ne pouvais faire aucun pas qui ne fût faux,
> aucune action qui ne trahît ce qui m'était cher. Je sais comment
> les Colchidiens ont dû m'appeler après ma fuite, mon père
> y avait veillé : traîtresse. Ce mot me brûle encore (32).

Au reste, une fois mise au courant du meurtre de son frère
aux mains de leur père, Médée demeure néanmoins muette,
coupable d'une certaine complicité jusqu'à ce qu'elle soit à son
tour accusée de fratricide plus tard à Corinthe.

Quant à son image de femme affolée et aveuglée par son
amour pour un homme – l'image qui deviendra l'assise même
du mythe d'un filicide occasionné par la jalousie sexuelle – là
aussi Médée détient sa part de responsabilité. C'est bien l'infanticide commis par son père qui incite Médée à partir avec les
Argonautes et à leur livrer la Toison convoitée et non sa passion
aveugle pour Jason comme elle le laisse pourtant croire à ses
compères colchidiens qui l'ont suivie en exil. Autrement dit,
Médée participe à la fabrication de son propre mythe :

> Je les laissais croire qu'il était l'homme que je suivrais jusqu'au
> bout du monde, et je ne peux pas leur en vouloir s'ils vivent

---

86. Au sujet de l'image de la mère non infanticide, mais non moins défaillante,
    dans cette œuvre, voir Stephan, qui aborde les relations problématiques
    mères-filles entre Médée et sa mère, Mérope et Glaucé, Médée et Glaucé
    ainsi que Médée et Agaméda (135-136).

notre séparation comme une grave offense personnelle. Pis :
comme une preuve de la vanité de notre fuite (38).

Et comme le constate Leukos par rapport aux réactions de
Médée aux Corinthiens outragés :

> À la fin, elle était excessive, c'est d'ailleurs ce dont les Corin-
> thiens avaient besoin : une furie. Elle l'était quand elle
> a pénétré dans le temple d'Héra, tenant ses deux garçons
> pâles et apeurés par la main, [...] quand elle a arraché
> aux prêtresses l'engagement de recueillir les enfants...
> (275).

Enfin, rappelons encore que Médée assure la parole narrative à quatre reprises dans le roman. C'est elle, plus que tous les
autres personnages, qui maîtrise la narration des événements.
Wolf nous livre ainsi une figure mythique à la fois désemparée
par son propre mythe, déterminée par lui, mais jusqu'à un certain
point, agente de sa fabrication et de sa propre situation damnée.
Médée-sujet s'appartient donc « en quelque façon » (Ricœur,
Soi-même 166). Tout compte fait, malgré l'intertexte stoïcien,
l'ipséité de Médée est toujours plus euripidienne que sénéquienne, relevant en effet de cette « modestie du maintien de
soi » plutôt que de « l'orgueil stoïcien de la raide constance à
soi » (Ricœur, *Soi-même* 198).

Mais en somme, la cause de Médée est perdue. Médée est
défaite, n'ayant pas réussi, dans la révision de Wolf, à résister
aux manigances des Corinthiens, à sa mythopoesis amoncelée
et polyphonique, mais enfin fixée par le discours dominant
d'Akamas. À la fois innocente et responsable de son destin,
elle incarne manifestement sa renommée infâme de Médée
infanticide :

> Et les Corinthiens n'en ont pas fini avec moi. Qu'est-ce qu'ils
> racontent ? Que c'est moi, Médée, qui ai tué mes enfants.
> Que j'ai voulu me venger de l'infidèle Jason. Qui peut donc
> le croire, ai-je demandé. Arinna dit : Tout le monde. [...]

Voilà. C'est ce qu'ils veulent. Que pour les générations futures
je demeure celle qui a tué ses enfants. (288)

𐤸𐤸𐤸𐤸𐤸𐤸𐤸𐤸𐤸𐤸

Sous la plume de Monique Bosco et celle de Christa Wolf, Médée
est visiblement une « femme diffamée par toute la littérature
occidentale depuis Euripide » (Merchiers 107). Toutefois, comme
le constate Goudot, « [d]es brèches se sont ouvertes dans ce qu'il
[le lecteur] croyait savoir et les traits de Médée sont pour lui
définitivement brouillés » (531). Peut-être la Médée de la littéra-
rature contemporaine au féminin – surtout en ce nouveau
millénaire, après plus de quarante ans de théorisation féministe
– ne se prête-t-elle simplement pas à la revendication manifeste
d'une autonomie féminine, mais plutôt à la dialectique ontologique que vient souligner la réinscription littéraire et perpétuelle de cette figure. Il faudra approfondir la question dans la
conclusion de cette étude. Quoi qu'il en soit, dans une œuvre
autobiographique ayant précédé sa *Médée*, Christa Wolf écrivait que le sujet, concept fragile et désordonné, est à la fois
étançonné et défait par les facettes non fiables de la mémoire et
du récit[87]. Ne doit-on pas penser au sujet mythique en ces mêmes
termes, notamment à Médée et à sa perpétuelle (ré)invention
à travers les textes, les espaces, les temps ?

Comme le montrent si bien les romans de Wolf et de Bosco,
les modalités de la mythopoesis ne peuvent exister que sur un
axe intertextuel, le « *Sujet* fondateur, propriétaire du Logos, de
l'Auteur et de l'Œuvre », encore ici mis en cause par « l'idée
de *texte comme dispositif* intertextuel » (Angenot 130). Aussi
l'histoire renouvelée et la prise de parole de ces nouvelles Médées
sont-elles déterminées par les forces discursives et sociales qui
les constituent. Aussi sont-elles séquestrées par la forme même

---

87. Tiré de *Kindheitsmuster*.

de leurs récits, l'un révisionnel et hétérodiégétique et l'autre
tragico-mythique et tout aussi éclaté sur le plan de la diégèse. L'on
pourrait encore ici concevoir un « nouveau tragique » (Goudot
528), une « nouvelle fatalité, désormais liée moins au poids de
l'hérédité familiale, des haines et vengeances divines, qu'au
poids de l'histoire qu'elle traîne derrière elle depuis des siècles »
(Goudot 529). Mais en plus de cela, nos deux Médées romanesques se disent non seulement à la première personne, mais
elles disent aussi une vérité que n'arrivent pas à affadir ni leur
mythopoesis ni le dessein archaïque qui les livrent à leur fin.
La nouvelle *Medea* de Bosco dit son choix vis-à-vis une impossible maternité. L'ancienne Médée de Wolf reconnaît sa contribution à son propre archipel mythopoétique. C'est ainsi que
les deux protagonistes, certainement vaincues, ne renoncent
pas de fond en comble à leur « pouvoir faire » dans ce monde
mythique qu'elles ont, du moins en partie, contribué à créer
– qu'elles auraient pu, semblent suggérer les deux œuvres,
inventer autrement.

ꖴꖴꖴꖴꖴꖴꖴꖴꖴ

Chapitre 5

Médée postcoloniale :
Bessora et Marie-Célie Agnant

À PROPOS du mythe de Médée, princesse de Colchide en exil parmi les Grecs, Pasolini constatait que « ce pourrait être aussi bien l'histoire d'un peuple du Tiers-Monde[88] ». En effet, Rachel Blau DuPlessis souligne que les mythopoesis par les femmes avancent fréquemment une critique anticoloniale de l'histoire, la révision de certains mythes « *an attack on cultural hegemony as it is* » (107). Les femmes adaptant ou réécrivant les mythes doivent ainsi surmonter l'indifférence que manifestent les textes sources vis-à-vis les considérations historiques du genre sexuel :

> *When a woman writer chooses myth as her subject, she is faced with material that is indifferent or, more often, actively hostile to historical considerations of gender, claiming as it does universal, humanistic, natural, or even archetypal status* (DuPlessis 106).

Dans les romans *Petroleum* de Bessora et *Le livre d'Emma* de Marie-Célie Agnant, les vestiges de l'histoire coloniale et néocoloniale se trouvent au cœur d'une reprise féministe du mythe médéen. Or, un tel recours à l'hégémonie d'un grand récit occidental – ici d'un mythe issu de la tradition grecque – peut paraître contre-productif, surtout dans la double optique

---

88. Cité dans Goudot, p. 526.

postcoloniale et féministe des deux romans. Toutefois, comme le fait remarquer Marie Vautier, « le postcolonialisme n'a jamais cru au pouvoir totalisant du mythe universel » (51). En rappelant l'idée d'irradiations mythiques de Pierre Brunel, Vautier signale la pertinence des aspects « souples et provisoires » des mythes à la pensée coloniale. Ce sont en effet leurs « fragmentations et multiplicités » (Vautier 52) » qui sous-tendent les récits mytho-historiques de Bessora et d'Agnant et qui les écartent, en fait, des trames euripidiennes appropriées et contestées jusqu'ici par les auteures de notre corpus.

Une lecture postcoloniale vient donc, dans ce cinquième chapitre, s'ajouter à notre mythocritique. Le postcolonialisme a fait son chemin dans l'étude des littératures francophones et comparatives depuis les années 1990[89]. Il serait difficile de nier que la lecture postcoloniale se base d'abord sur des paradigmes de pensée et de savoir provenant du monde anglophone alors que de récentes traductions françaises – de travaux par Homi Bhabha (*Les lieux de la culture*) ou par Edward Said (*L'orientalisme*), par exemple, – ont eu une portée considérable. C'est de prime abord en tant que *poétique*, à particularités formelles et contextuelles, que nous nous intéressons au postcolonialisme, un terme entendu au-delà de sa relation binaire avec le colonialisme.

Moura précise qu'une littérature peut se vouloir postcoloniale par rapport à sa situation sociopolitique et historique (donc postérieure à la colonisation) sans être pour autant postcoloniale dans son écriture (*Littératures* 64)[90]. En revanche, un cadre

89. Voir Moura et plus récemment le dossier de l'*International Journal of Francophone Studies*, consacré aux études postcoloniales et co-dirigé par Hargreaves et Moura.
90. Elle serait plutôt littérature « d'imitation » coloniale et Moura donne pour exemple la littérature haïtienne du début du XIXe siècle. On pourrait aussi penser au théâtre joué en français au Canada, théâtre qui ne devient pas « québécois » (et par la suite, « acadien », « franco-ontarien »,

toujours colonisant peut très bien susciter une littérature postcoloniale. L'écriture des Premières nations d'Amérique en serait un exemple des plus flagrants. Dans sa contribution au récent collectif consacré à l'effet des *subaltern studies* inspirées par le fameux article de Gayatri Chakravorty Spivak à ce sujet, Birla Ritu a raison de préconiser une critique postcoloniale :

[...] *attentive to present and ongoing colonial formations, to the failure of decolonization, and the uncanny reincarnations of colonial relations alongside new transnational flows of humans and capital* (87).

Certes, l'échec dont parle ici Ritu se trouvera au cœur du problème posé par *Petroleum* et le *Livre d'Emma*. Enfin, comme plusieurs critiques l'ont déjà montré, et comme les deux romans à l'étude viendront le confirmer, la littérature postcoloniale n'est pas nécessairement postérieure à la colonisation ou à la néocolonisation, mais le plus souvent « à entendre dans une valeur *adversative* et critique et non pas chronologique » (« Sur quelques », Moura 150)[91].

La périodisation historique mise à part, le postcolonialisme figure d'emblée comme esthétique d'écriture dans la pensée de Moura qui fait part « des modes d'écriture » désignés par « le déplacement, la transgression, le jeu, la déconstruction des codes européens tels qu'ils se sont affirmés dans la culture concernée » (« Sur quelques » 151). La description est d'autant plus pertinente aux évocations médéennes ludiques, transculturelles et répandues çà et là dans les récits polyphoniques de Bessora et d'Agnant. Nous traiterons d'abord des deux œuvres comme historiographies postcoloniales, et en plus de cela, dans ce qu'elles partagent, formellement, avec le récit mythique, pour déceler

---

« franco-manitobain », etc.) avant l'arrivée sur scène du dramaturge Gratien Gélinas avec sa première pièce, *Tit-Coq*, présentée au Monument national de Montréal en 1948.

91. Quant aux dangers et inexactitudes d'une acception chronologique du postcolonialisme, voir aussi McClintock.

leur caractère mythohistorique. Ensuite, ce sera en fonction d'une critique virulente du contexte néocolonial (de Bessora) et esclavagiste (d'Agnant) que se manifesteront les intertextes médéens. Ces derniers divulgueront une perspective toujours à double tranchant sur le sujet mythique au féminin, situé à la croisée d'un destin pour ainsi dire immuable et la souveraineté de son « pouvoir faire » contre lui. Enfin, s'ils s'avèrent explicites chez Bessora et sous-entendus chez Agnant, ces intertextes afficheront, dans les deux cas, leur transculturalité.

Bessora : Médée à rebours

Histoire et ludisme

Selon Jean Bessière et Moura, l'histoire « apparaît comme une référence continue » dans la littérature postcoloniale (7). Il n'en est pas moins vrai dans *Petroleum*, cinquième roman de Bessora, auteure née en Belgique d'une mère suisse et d'un père gabonais, résidant actuellement en France. L'histoire, racontée par bribes, est celle du Gabon, ancienne colonie française et pays officiellement indépendant depuis 1960. Comme le signale Jean-Marie Volet, le roman donne à lire :

> [n]ombre de détails piquants [qui] complètent les éléments conventionnels de l'histoire locale et incluent les moments clés de l'exploration pétrolière de la région : l'ouverture des premiers puits, le nombre de barils de brut extraits au cours des ans et aussi la relation difficile des populations locales vis-à-vis des géologues explorant la région (n.p.).

L'histoire pétrolière, née de ladite indépendance du Gabon de ses prises coloniales françaises, donne le contexte néocolonial de *Petroleum*, auquel se superpose l'ironie tranchante de la voix narrative omnisciente du roman.

Transposée au genre romanesque, cette histoire se veut d'emblée une historiographie métafictionnelle. Comme l'a amplement montré Linda Hutcheon, le roman historiographique, tout en relatant des faits historiques, met constamment en évidence la construction ou encore la narrativité de l'histoire. Il serait ainsi « la machine littéraire de l'histoire » :

> [...] *its theoretical self-awareness of history and fiction as human constructs (historiographic metafiction) is made the grounds for its rethinking and reworking of the forms and contents of the past* (5).

Dans *Petroleum,* l'histoire se raconte à travers des motifs imaginaires, fantastiques et, nous le verrons plus loin, mythiques, pour ainsi déjouer « l'apesanteur du réel » et faire « du lieu de l'imaginaire une spéculation du réel » (Gbanou, « La traversée » 55). De plus, l'historiographie métafictionnelle de Bessora forge un espace critique impitoyable. L'exploration des limites formelles de ses propres modalités littéraires lui permet de mettre en cause le récit historique du colonisateur – son Histoire à la majuscule officiellement entérinée, dont les séquelles continuent à retentir dans la société gabonaise actuelle.

En plus de se vouloir une historiographie métafictionnelle, dont les procédés artificiels ou encore esthétiques se reflètent dans le texte, *Petroleum* déborde du côté de l'autobiographie. Le brouillage de la fiction vis-à-vis l'exactitude des faits vient effectivement s'ajouter aux débordements formels de son écriture. Dans son roman, Bessora inscrit un certain renversement de ses propres marques biographiques, mais comme le constate Pierre Ndemby Mamfoumby, il ne s'agit en rien de la revendication du « nom propre » à la Philippe Lejeune (ct. ds. Mamfoumby n.p.). Aussi trouve-t-on dans la figure du cadre, Étienne Girardet, l'évocation du père de Bessora, ancien directeur général de la compagnie pétrolière *Total-Gabon,* quoique Girardet soit de nationalité suisse, alors que la mère de Bessora est Suisse et son père Gabonais. Par ailleurs, le personnage légèrement ridicule de la jeune journaliste, Flavie Minko, est, comme l'auteure elle-même, fille d'un cadre de la multinationale pétrolière cherchant à comprendre l'importance de la compagnie géante dans la vie gabonaise. Ces aspects bioromanesques pointent vers un problème soulevé dans toute l'œuvre : la complicité, notamment de l'auteure elle-même, quant à l'objet de sa critique, étant donné sa propre histoire filiale et sa double nationalité européenne et africaine. Hutcheon signale ainsi « *the inherent contradictoriness of historiographic metafiction, for it always works* within *conventions in order to subvert them*» (5).

Selon Sélom Gbanou, le dépassement des limites de genres, tout comme des lieux d'appartenance et des normes sociopolitiques et discursives, serait l'une des grandes caractéristiques d'une littérature africaine d'expression française d'après 1969 ou encore « postnégritude ». Celle-ci se démarquerait par le renouvellement esthétique exemplifié par l'écriture de Bessora ainsi qu'une « nouvelle conscience cosmopolite de la littérature chez les écrivains dans leur situation d'entre-les-mondes» (Gbanou, « La traversée» 40). De même, l'écriture de Bessora pourrait s'insérer dans l'optique d'une « littérature-monde », désignation littéraire que proposaient les vingt-sept écrivains du fameux manifeste paru d'abord dans *Le Monde*, ensuite chez Gallimard, sous la direction de Michel Le Bris et de Jean Rouaud. Selon Le Bris, l'esthétique « monde» cherche à défaire la littérature de ce « dernier avatar du colonialisme » (46) qu'est la francophonie (au sens littéraire du terme), et surtout, des jeux théoriques et formels auxquels la critique aurait réduit la littérature. Un défi lancé à l'empire hexagonien, notamment celui de l'édition française et de ses grandes institutions, la notion de littérature-monde se veut d'abord et avant tout une poétique, provenant directement des écrivains et non des institutions critiques ou pédagogiques cherchant à les encadrer. La perspective de l'auteur est bien vivante dans ce débat, mais encore c'est la poétique, soit l'écriture, qui s'impose au premier plan et non l'appartenance identitaire, culturelle ou nationale de l'écrivain.

Apparenté à l'humour satirique de Jarry, de Queneau et de Rabelais par les quelques textes critiques que l'on trouve sur son œuvre, le ludisme littéraire de Bessora[92] fait part de cette esthétique «monde», déchue de tout cloisonnement identitaire ou formel. Le jeu se manifeste effectivement autant sur le plan de la forme – des genres éclatés, de la confusion et du fusionnement des traditions discursives, conventions littéraires et figures mythiques – qu'à celui de la diégèse. *Petroleum* chavire dans un imaginaire quasi burlesque, occasionné en grande partie par son leitmotiv du délire, suscité par l'Iboga, racine «qui ouvr[e] la porte du monde visible» (282) à ceux qui la consomment. Non sans rappeler le *pharmakon* maîtrisé par la Médée antique, cette puissante potion des rituels d'initiation fait halluciner les personnages de *Petroleum,* y compris le cuisinier du vaisseau pétrolier, Jason, et la géologue des océans, Médée. L'Iboga fait apparaître spectres, fantômes et anciennes figures mythiques, «des génies, des ancêtres, et des êtres dont ils ignoraient encore les noms» (282).

Mais l'aspect burlesque ou encore carnavalesque du roman émane aussitôt du dialogisme de sa narration, toujours au sens bakhtinien du terme. Cette fois, le dialogisme s'engage avec les grands récits du passé et du présent : l'Histoire, la Bible, l'ethnographie, l'anthropologie et, surtout, le mythe – que celui-ci soit colonial, grec ou africain. En vigueur dans le récit omniscient comme dans les discours directs et indirects libres des personnages de *Petroleum,* l'ironie vient rappeler l'aspect double du dialogisme. Alors que le progrès et le développement capitalistes, incarnés par la compagnie Elf-Gabon, sont les discours dominants du roman, ils sont imbriqués par la critique effectivement truffée d'ironie de l'auteure par cette différence interne qui «contamine», questionne et résiste…

Tout métadiscours subit un procès quelconque dans ce roman, manié par le ton sardonique et obstiné de la narratrice extra-diégétique. L'ironie vient bouleverser adages et axiomes,

---

92. Voir Ireland sur «*Bessora's Literary Ludics*».

qu'il soit question de l'histoire de l'indépendance du Gabon ou des clichés banals d'un multiculturalisme qui, au lieu de rassembler, gomme les relations de pouvoir entre groupes et individus :

> Côtoyer des personnes de différentes origines apporte un tel enrichissement personnel au quotidien que je recommande-rais à tous ceux qui en ont la possibilité de vivre une expérience au sein d'un groupe multiculturel. C'est rose et sucré comme du Marshmallow (48-9).

La mondialisation, quant à elle, propose des discours fausse-ment libérateurs, se voulant la face cachée de la (néo)colonisa-tion :

> Mon dieu, mais c'est pas nouveau la mondialisation ! Ça a commencé avec la traite des nègres et même avant ! Le jour où Christophe Colomb a foutu les pieds en Amérique, le con. Même… ça a commencé le jour où on a découvert que la Terre était ronde ! (241-42)

Même la libération du Gabon de l'impérialisme français, anticipée par le Général de Gaulle, apparaît comme un événe-ment galvaudé, annonçant l'état néocolonial suscité par l'éco-nomie pétrolière d'ores et déjà solidement entérinée dans le pays africain. Malgré son indépendance officielle, le Gabon demeure manifestement soumis à l'autorité économique, politique et socioculturelle française :

> 1958
> Vive la Ve République.
> Vive le général de Gaulle.
> Vive la Société des pétroles d'A.-É.F. (69)

Le pétrole, quant à lui (et on y reviendra), est « comme un enfant sage et discipliné. Comme une gueule noire résignée » (24).

Enfin, iconoclaste et lugubrement humoristique, la critique virulente du texte baigne son objet dans le paradoxe de l'état postcolonial du Gabon, toujours et d'emblée néocolonial. La remarque de Girardet au sujet de la ségrégation raciale à l'œuvre dans l'entreprise Elf-Gabon, « pourtant à son avantage » (42), soulève les enjeux de cette néocolonisation, d'où le pouvoir économique des colons du passé a été transféré aux expatriés français actuels :

> Le National n'est-il pas à l'Expatrié ce qu'était l'Indigène au Colon ? [...] [P]our le même poste et à compétence égale, l'employé expatrié est systématiquement cadre du fait de l'expatriation, tandis que l'employé gabonais est automatiquement non-cadre du fait de son indigénité (*Petroleum* 42-3).

Version fictionnelle de la réelle compagnie pétrolière, *Total Gabon*, Elf-Gabon fait retentir son influence dans toutes les sphères du pays, son autorité est aussi omniprésente que celle du président dictateur Omar Bongo (feu à présent) : « Bongo, Elf, France, synonymes épris du monde postcolonial » (101). Constat cinglant, rappelant que, si la perspective de l'œuvre est postcoloniale, l'objet de sa critique, lui, ne l'est pas.

Des mythes souterrains

Qu'en est-il des convergences formelles de l'historiographie et du mythe, enfin de notre propos principal ? Comme nous l'avons vu dans le premier chapitre, la définition du mythe de Jolles – « une "forme simple" antérieure au langage écrit, mais "actualisée" par lui et par le texte littéraire » (ct. ds. Brunel, *Mythocritique* 13) –, attribue une inhérente antériorité textuelle au mythe, ce fait d'être toujours déjà une mythopoesis. Si le mythique se concilie d'abord au littéraire, comme le préconise la mythocritique de Brunel, dans *Petroleum* et, nous le verrons, dans *Le livre d'Emma*, le mythe se concilie d'emblée à l'histoire.

La toute première page de *Petroleum* fait part d'un horizon mythique relatif à l'histoire pétrolière du Gabon, évoquant « la prophétie délivrée jadis par d'éminents oracles-géologues »,

celle de «l'Or noir» : «"Le Libérateur le délivrera des entrailles
de la terre." [...] "Frères, l'heure est proche!" Ainsi soit-il» (7). De
plus, la genèse de la mission du bateau pétrolier de l'intrigue,
l'Océan Liberator, se veut un mythe véritablement fondateur :
«C'est par hélicoptère que les élus de cette mission ont été
transportés sur le vaisseau, le jour de Noël» (10) ; «Il y eut
pénétration. Elle [la «croûte continentale»] était vierge» (11) ;
il en naît le «divin enfant» (70), soit le pétrole. Mais la démys-
tification d'un messianisme pareil ne se fait pas attendre et le
mythe fondateur se verra vite rattrapé par son contre-discours de
dégénérescence sociale et écologique. Un second mythe d'autant
plus puissant et historique est celui du traité Elf-Gabon, qui a
scellé l'avenir néocolonial du pays en assurant à perpétuité la
domination socio-économique française. Le discours indirect
de l'un des personnages (au nom bien impérialiste d'Alexandre)
souligne la reconfiguration de l'identité nationale du pays
effectuée par ce traité :

> [I]l perd sa voix à dire comment de Gaulle transforma l'occu-
> pation française au Gabon en avancée humaniste : le traité
> colonial signé le 9 février 1839 par un roi analphabète devint
> son symbole. Ce traité [Elf-Gabon] *fut élevé au rang de mythe
> fondateur de la colonie* : des fêtes du Centenaire du Gabon
> furent célébrées du 31 juillet au 2 août 1950. (240; nous
> soulignons)

Le récit mythohistorique de *Petroleum* est donc bien apte
aux reprises mythiques de l'œuvre, d'abord celle de Médée et
de Jason, dont l'émergence dans le récit profite d'une liberté
considérable. On pourrait dire que la protagoniste, nommée
avec justesse Médée Argo, est le mythème principal. Étant donné
son évocation toujours déjà mythique, cela s'entend que «la
réputation de Médée la précède» (13). Encore à l'instar de
la princesse colchidienne, Médée détient des connaissances
inédites : «Superintendante sur l'*Ocean Liberator*, Médée est
une exploratrice de renom. Elle sait d'instinct où creuser» (13).
Géologue et experte du forage des océans, elle aurait reçu «l'appel

du pétrole » (15). Dans plus d'un clin d'œil à Euripide, la Médée de Bessora se prononce « un peu magicienne moi aussi » (224) tout en racontant : « Quand j'étais gamine, j'ai passé des nuits entières à me chercher des points communs avec cette princesse grecque » (224). Au sujet de son frère « Pélias », elle dit ne pas l'avoir vu « depuis… longtemps » (224), les points de suspension, un peu facétieux, rappelant la disparition ambiguë du garçon alors que les parents sont « installés en terre de Colchide » (15). Dite « grotesque » – « Médée… Pélias… nos parents biologiques ont trouvé ça dans la mythologie grecque » (224) –, la filiation onomastique de la protagoniste revêt encore cet aspect carnavalesque, mise en abyme du ludisme romanesque lui-même.

L'histoire d'amour de Jason et de Médée relève directement de leurs noms mythiques à tous les deux. Si Jason, simple cuisinier plutôt détaché de son métier et de son entourage, subit à nouveau un procédé de banalisation sociale, c'est pourtant son prénom qui éveille l'intérêt de Médée, « vaguement amoureuse du héros de la Toison d'or » (106) depuis l'enfance :

> Il s'appelait Jason. Alors, le cuisinier qui portait ce beau prénom a forcément éveillé son intérêt. Petit à petit, elle s'y est attachée. D'autant que dans la Toison d'or, Médée, une belle princesse, finissait par l'épouser. Jason, il chassait la peau de bouc à bord d'un vaisseau magique (106).

Par contre, dans *Petroleum*, c'est la femme, le héros de la quête. Autrement dit, c'est Médée, et non l'Argonaute aux multiples périples, qui détient la « puissance d'agir » dans ce texte. Très tôt dans l'intrigue, Jason se réfugie auprès de Louise, sa mère auxiliaire, pour échapper à l'enquête des inspecteurs parisiens envoyés pour résoudre un sabotage à bord de l'*Ocean Liberator*. À noter, tout le long du roman, il figure comme l'objet passif du désir féminin et des rêves de Médée. Seules les connaissances médicinales de Louise réussiront à les réunir et, cette fois, le clin d'œil est à Shakespeare. Comme le moine Lawrence de *Roméo et Juliette* empoisonne temporairement la jeune Capulet,

Louise empoisonne Médée pour la libérer de prison et assurer les retrouvailles des amoureux à la fin du roman.

Qui plus est, Médée figure encore comme l'étrangère de son milieu, une Normande expatriée au Gabon, une *autre* parmi les « gens de la terre du milieu » (13). Or, un inversement du rapport racial entre Médée et Jason provient du fait qu'elle est blanche et lui noir. Médée est autre, aussi, parmi les cols blancs masculins occupant les postes-cadres à Elf-Gabon. Elle sert à nouveau de bouc émissaire sur lequel se projettent des préjugés, carrément sexistes cette fois, alors que ses supérieurs s'en prennent à son « arrogance » et lui attribuent « une origine criminelle » (134) : « Le profiler retient la paire de claques qu'il brûle de lui donner. Pour tout dire, il voudrait battre cette arrogante depuis son arrivée » (134). La citation rappellera la jalousie d'Agaméda et d'Akamas dans la *Médée* de Wolf, car, encore ici, Médée se trouve au milieu d'accusations non fondées et foncièrement ridicules. Montandon, l'un des diligentés de Paris, accusera (faussement) Médée de l'explosion du navire, mais il la supposera d'abord coupable de la mort subite de son chat. Toujours est-il que Médée « inspire des sentiments mitigés » (13). Elle « est mal aimée de la plupart des cols blancs » de son entourage professionnel (13) et aucune appartenance ne semble à sa portée : « Qu'elle retourne là-haut parmi les gens de la montagne respirer cet air sec et vivifiant » (14). Ostracisée, Médée vit une double non-appartenance parmi ses collègues-cadres et aussi les travailleurs gabonais, tous en parts égales soupçonneux envers elle.

Médée vient aussi brouiller certaines dichotomies, notamment celles d'exploiteur et d'exploité, et à l'instar de Wolf, de coupable et d'innocent. En effet, Médée participe à la propagation de l'ordre socio-économique dominateur, soit l'industrie pétrolière qu'elle continue « d'enfanter », comme géologue et superintendante du navire. L'or noir convoité est « le bébé » (27) que Médée sera accusée d'avoir assassiné en faisant sauter le bateau et le pétrole se présente comme « la toison d'or et Elf [...] son gardien [...] un dragon » (245). Médée, qui commande les ouvriers du bateau, les « argonautes, ses enfants » (29), a certes une mine ironique de mère infanticide. De tels renvois mythiques peuvent très bien nous entraîner à concevoir dans « le couple étrange qu'Elf forme avec l'Afrique » une évocation à rebours – car tout se veut à rebours dans l'univers bessorien – du fabuleux couple mythique que forment la princesse colchidienne et Jason :

> Le Nomade Noir et la Société des pétroles d'Afrique-Équatoriale française se sont en effet mariés à la Saint-Valentin 1956, sous le régime de la séparation des biens. [...] Mariés de force, le Nomade Noir et la Société des pétroles d'Afrique-Équatoriale française ont pourtant eu de belles années. Ils se sont aimés. La preuve, ils ont eu beaucoup d'enfants : des puits nés dans des champs pétroliers (71).

Finalement, dans cette mythopoesis de Bessora, l'objet d'adoration sacrale ne semble plus être Hécate ou Héra, mais le « Bitume, le pétrole déifié » (106), muni de sa propre généalogie mythique, non sans rappeler le lien filial de Médée au dieu du soleil :

> Bitume, mon amour. Or comme soleil, noir comme mort. L'or noir est sans doute un fils de Soleil, se dit Médée. Né de son désir pour la Mort. Il fut porté par Terre. Car Mort ne saurait porter la vie (218).

La figure mythique de la sirène-déesse Mamiwata, dont le nom signifie le plus souvent « mère des eaux » (Cooper, « The Mythical » 47), est bien connue en Afrique de l'Ouest et vient ajouter une autre dimension tout à fait inédite au récit médéen de Bessora[93]. L'auteure lui lègue toute une parenté mythologique

---

93. La sirène figure dans maintes traditions (africaines, asiatiques, européennes, celtes et amérindiennes) sous une myriade de noms différents; voir Grace Cooper qui traite de la sirène noire dans la diaspora africaine. Par ailleurs, des recherches au sujet de Mamiwata révèlent une variété d'épellations du nom (Mami Wata, Mamy Wata, Mammy Wata, par exemple) et de sa signifiance qui renvoie constamment à sa forme hybride; voir Drewal *et*

(sa mère Ada, son mauvais frère Evu, sa sœur Zamba), voire des querelles de famille relatées par Louise, elle-même «prêteresse de Mamiwata» (308). À la manière de ses incarnations dans d'autres textes de la diaspora africaine, Mamiwata s'imbibe de différentes traditions, se voulant une figure non seulement hybride (et parfois androgyne), mais tout comme Médée, trans-culturelle. Comme Grace Cooper le fait remarquer : «*Black mermaid tales are complex because they combine the beliefs of Africans, Europeans, and the diaspora*» (50).

Dans ses deux formes les plus traditionnelles – de mi-femme (parfois mi-homme) et mi-poisson (parfois mi-serpent) –, Mamiwata se manifeste à Médée dans son sommeil ou sous l'effet de la racine d'Iboga (129). Capables de grande compas-sion ainsi que de destructivité monstrueuse, comme la Scylla et les sirènes, monstres marins associés à la Médée antique, les apparitions de Mamiwata rappellent le caractère excessif, mena-çant et protéiforme de la figure médéenne. Aussi Mamiwata évoque-t-elle à nouveau La Llorona, mère «à l'insatiable appétit» (333) du théâtre de Moraga, mais dont les lamenta-tions perçantes sont ici remplacées par un chant de sirène. Mais la puissante Mamiwata évoque surtout les deux facettes bénéfiques et destructives de l'industrie pétrolière, qui fait vivre le Gabon tout en le drainant de ses ressources naturelles et de son indépendance des prises coloniales[94]. Enfin, on apprend

---

al. Enfin, Barbara Frank étaye les théories contradictoires au sujet des origines culturelles (caribéennes et africaines) de Mamiwata.

94. Mamiwata apparaît dans la pièce collective de théâtre congolaise, *Tafisula ou la Mamy Wata* (1975), figure de dualité servant à la critique du pouvoir néocolonial et capitaliste de l'industrie du cuivre, à la fois source de prospérité et d'aggravation écologique ; voir MacDougall. De plus, Mamiwata a émigré au Québec en 1991 pour paraître dans la production vidéo de Monique Dauphin, *Mami Wata*, traitant de la perception qu'ont les femmes noires montréalaises d'elles-mêmes ; voir Ship.

que Mamiwata a le « ventre froid », trait que Jason associe en fait à Médée :

> Je ne connais qu'un homme-poisson et c'est une sirène.
> Elle s'appelle Mamiwata. Son ventre est froid.
> Son regard se durcit et il ajoute sur un ton sec :
> Elle te ressemble.
> [...]
> Elle, le ventre froid ? Pourquoi il a dit ça ?
> Elle règle la pression du puits (55-6).

Alors qu'« elle règle la pression du puits », Médée répond ainsi à sa propre question. Toujours adhérente à l'ordre social qu'elle décrie, elle continue à le propager, soit par la mise à l'œuvre de son expertise de géologue. Autrement dit, comme Mamiwata et la légendaire Colchidienne d'Euripide, comme le bitume lui-même, Médée est l'incarnation symbolique de la vie et de la mort. Mais le passage pointe également vers ce qui trouble tacitement Jason et les autres employés à bord de l'*Ocean Liberator*, à savoir, la *non*-maternité de Médée. En quelque sorte, Médée s'invente une nouvelle maternité en la transférant à l'espace fort politisé et masculin de l'économie pétrolière gabonaise, puisque c'est elle qui génère le bitume, qui en prend possession en le faisant jaillir sous sa main et qui sera accusée de sa destruction.

Une écriture postcoloniale

Alors que mythes, cultures, traditions et genres littéraires s'enchâssent et s'entremêlent, ne faut-il pas concevoir que la nostalgie des origines est néanmoins à l'affût de toute écriture révisionnelle, que celle-ci soit postcoloniale, féministe ou encore mythique ? Or, si Brunel a raison de constater les liens entre les mythes africains et les « récits cosmogoniques relatant les différentes étapes de la création et de l'univers » (*Dictionnaire* 44), on ne saurait réduire les reprises mythiques de Bessora à la conclusion qu'il tire par la suite : « c'est toujours avec une certaine nostalgie que les écrivains africains contemporains [...] font référence au temps mythique de la genèse du monde » (45).

En enchevêtrant divers récits et traditions, la poétique trans-culturelle de Bessora s'éloigne de toute nostalgie. Les mythes fondateurs du colonisateur sillonnent toujours la représenta-tion de l'histoire précoloniale du Gabon, tout comme le monde judéo-chrétien vient se mêler aux mythes africains évoqués dans le récit. Par exemple, dans les apparitions (toujours livrées par l'Iboga) du Bwiti mythique et des « plus hautes entités spiri-tuelles, au pays des morts » (149), l'un des directeurs gabonais de la compagnie, Alidor Minko, aperçoit les géniteurs « du genre humain » (149) et d'une tradition africaine qui n'est plus la sienne depuis très longtemps. Pourtant, Nzamba-Kana, « le père du genre humain, le premier homme sur la terre », et Disumba, « mère du genre humain et première femme sur la terre » :

> [...] avaient l'exacte physionomie d'Adam et Ève tels qu'Alidor les avait vus peints dans l'église de la mission : déjà le christianisme interférait dans ses visions (149).

Malgré sa critique virulente du récit colonial ainsi que la résistance ponctuée par le trope de l'ironie, le roman ne se laisse pas non plus sombrer dans une vision binaire (précoloniale/coloniale) de l'histoire. Évoquant l'instruction qu'un jeune Jason pré-euripidien aurait reçue chez Chiron le centaure, l'appren-tissage du garçon de l'histoire mythique « avant contact », sous la tutelle de la savante Louise, est de prime abord rattaché à l'histoire de la colonisation européenne. Au dire de Volet, c'est l'histoire de l'exploitation des ressources naturelles africaines, « la profanation des lieux sacrés depuis l'arrivée des premiers géologues » (n.p.) que Louise enseigne à Jason tout en l'enrichis-sant d'un savoir mythique africain. Les souvenirs de Jason, remontant aux années 1950, évoquent ainsi non seulement « l'enfant qu'il était » (52), mais aussi les navires-forages à la quête de pétrole sur les côtes ouest d'Afrique.

L'univers textuel de *Petroleum* se veut une véritable traversée
d'histoires, de mythes et de savoirs, la multiplicité des voix
légendaires, désordonnées et instables venant contrer l'hégémonie du récit colonial ainsi que tout retour nostalgique à la
pureté d'un passé lointain. Les esprits de la forêt, dont l'histoire
est relatée par Louise, sont peut-être d'un monde d'avant l'arrivée
des pétroliers, mais ils existent d'ores et déjà dans le monde
colonial. Ils doivent « renforcer leur alliance » (285) avec la terre
et la mer sous l'exploitation européenne – comme Isanya, puissant
sorcier du bon et du mauvais, et Louise elle-même, effectivement mulâtre, qui « appartien(t) aux deux mondes » (285).

Alors qu'il se refuse à la nostalgie d'une pensée précoloniale
et perdue (que le personnage fort circéen de Louise risque
pourtant d'incarner), le récit résiste aussi au fatalisme d'une
histoire coloniale imposée. En munissant Jason d'un passé
enfoncé dans la réalité de l'exploitation impériale et dans le
monde mythique légué par sa mère auxiliaire, l'identité du
Gabon et de ses habitants acquiert une dimension plurielle,
irréductible à l'exploitation française abondante. Bref, le Gabon,
comme Jason, est bien cet « enfant-monstre » à la fois « du
capitalisme pétrolier et de la tradition africaine » (quatrième
de couverture) – deux composantes plutôt que deux contraires.
Quant à la critique sévère du concept du « laboratoire de développement », accolé à l'Afrique centrale actuelle et qui sous-tend
la diégèse, ce n'est pas en sombrant dans ce que Xavier Garniera
nomme un « afro-pessimisme » (n.p.), « trace d'une nostalgie
d'une période "pré-technologique" », que Bessora s'attaque aux
vestiges coloniaux. La technologie, au contraire, « fait désormais
corps avec la vie des gens » (Garniera) dans le roman. Comme
l'or noir pétrolier qui « flirte » avec « la Mort » et avec « le Soleil »
(*Petroleum* 15), comme la diégèse qui ne bascule complètement
ni dans la fantaisie ni dans le réalisme, le développement est
perçu « dans le meilleur et dans le pire des sens » (Garniera).
De son côté, la mythologie africaine ne supplante point la

mythologie européenne, mais elle l'accroît et l'enchérit, car Médée
et Jason sont autant les enfants de Mamiwata que d'Euripide.

Enfin, selon Chris Tiffin et Alan Lawson, le colonialisme est
une opération discursive qui fixe le sujet dans un système de représentation (Ireland 7). En effet, « [l]'un des caractères marquants
du discours colonial est sa dépendance au concept de "fixité"
dans la construction idéologique de l'altérité » (121), rappelle
à son tour Homi Bhabha. Contrairement au discours colonial
qui délimite le sujet colonial – contrairement à cet héritage
mythologique qui livre le sujet mythique à sa fatalité incontournable –, Bessora forge un espace métafictionnel qui interpelle, à son tour, le sujet mythique, en donnant à sa Médée une
multitude d'appartenances et d'associations symboliques. Étant
donné le dynamisme de son engagement avec des histoires
multiples – réelles, mythiques, précoloniales, coloniales et néoc-
oloniales –, le dialogisme du récit mythohistorique de *Petroleum*
affiche une écriture véritablement postcoloniale.

Marie-Célie Agnant : Médée sous-jacente

Se raconter dans l'histoire

Le livre d'Emma de Marie-Célie Agnant, auteure québécoise
née à Port-au-Prince, donne aussi à lire une historiographie
postcoloniale, dont la rencontre avec le mythe de Médée sert à
inscrire l'histoire esclavagiste et inédite, telle que vécue par les
femmes d'Haïti. Or, l'île d'origine d'Emma est la fictive « Grand-
Lagon » située dans l'archipel caribéen, « pouvant évoquer
n'importe quelle île située quelque part dans les Caraïbes, comme
si l'histoire d'Emma ne pouvait être confinée à l'histoire d'une
seule île ou d'une seule femme » (Selao 16). Haïti n'est jamais
précisée comme le référant historique du roman. Par contre, le
renvoi d'Emma aux « hommes vêtus de noir. Armés de leurs
fusils, le regard dissimulé derrière leurs cagoules » (73) pourrait
très bien faire référence aux tontons macoutes de Papa et Bébé

Doc Duvalier. Quoi qu'il en soit, le roman incite à mieux saisir, dans toute son ampleur, dans sa complexité historique et intime ainsi que dans tout son tragique quotidien, l'infanticide commis par la protagoniste éponyme. L'histoire esclavagiste telle que vécue par des femmes profite, au dire de Moura, d'une « inscription légitimante » (« Sur quelques » 164) qui passe par la prise de parole d'Emma et ensuite par la traduction de Flore, son interlocutrice et sa compatriote.

Cette inscription rejoint les particularités toujours contextuelles et sociales, soit « scénographiques » comme les surnomme Dominique Maingueneau, de l'écriture postcoloniale. Le code affirmé et légitime dont il est question dans *Le livre d'Emma* est le discours historique dominant, les « grands livres » (23) ou encore « les livres rédigés à l'envers par les petits Blancs » (29) qui ont supprimé l'histoire intime et collective des femmes noires. Le recours sous-entendu de cette histoire « au mythe n'est plus », toujours selon Moura, au sujet de la postcolonialité littéraire en général, « un jeu esthétique individuel, mais instrument d'exploration d'une situation vécue collectivement » (« Sur quelques » 160). L'Histoire consacrée se transforme à nouveau en historiographie métafictionnelle au féminin. Qui plus est, l'acte foncièrement intime de la conteuse et la place donnée à sa généalogie féminine remplacent l'objectivité et la distance attendues de l'historien.

Comme le propose pertinemment Michel Foucault, « le travail de penser sa propre histoire peut affranchir la pensée de ce qu'elle pense silencieusement et lui permettre de penser autrement » (ct. ds. Cardinal, *La Médée* 37). *Le livre d'Emma* met à l'œuvre ce silence rompu alors qu'Emma *se* raconte à travers l'histoire jusqu'ici supprimée de ses ancêtres. L'Histoire serait-elle l'ennemi des femmes, demande Marie Cardinal « ou, plus exactement, la façon dont l'Histoire est interprétée, la manière de raconter » (*La Médée* 36) ? Étant donné « ces livres où l'histoire est tronquée, lobotomisée, excisée, mâchée, triturée puis recrachée en jet informe [...] pour qu'on ne sache pas que déjà sur les bateaux [négriers] ils nous volaient et notre corps et notre âme » (*Livre* 22-3), l'Histoire se voudrait en tout cas l'ennemi des femmes noires, selon Emma, migrante haïtienne internée dans un hôpital psychiatrique et fortement soupçonnée d'avoir tué sa fille.

Étudiante à Bordeaux – ancien port négrier de France pendant deux siècles –, Emma assurera la prise en charge de son histoire coloniale en déposant une thèse doctorale sur la traite des Noirs. Or, la thèse d'Emma est refusée à deux reprises. Alors qu'elle cherche à relater des faits historiques considérés à la fois menaçants et trop dissidents sur un passé réprimé, la thèse est jugée inadmissible. Selon Agnant, cette période de l'histoire « est tout à fait absente, sinon refoulée. C'est une période taboue » dans les romans haïtiens (au contraire des Antilles françaises) (Jurney 388). Dans *Le livre d'Emma*, il s'agit d'un passé non reconnu également par l'institution universitaire française, guère encline à reconnaître son propre passé esclavagiste, et qui se prononce manifestement là-dessus en refusant la thèse d'Emma. C'est bien à la suite de sa seconde soutenance ratée qu'Emma commet son crime infanticide à teneur historique et mythique. La question que se pose une travailleuse sociale à l'égard d'Emma s'avère d'emblée des plus pertinentes : « Comment établir une relation de cause à effet entre sa thèse et le meurtre de son enfant ? » (*Livre* 15) ou encore, comme le psychiatre d'Emma demande à Flore : « Peut-on utiliser ce rejet pour expliquer son acte ? » (*Livre* 65), et cela, « sans se rendre compte qu'il touche là à l'essence même du drame vécu par Emma » (*Livre* 65). Nous y reviendrons.

La présence narrative d'une protagoniste conteuse-historienne effectue encore ici un brouillage de genres ainsi qu'une mise en abyme du rôle d'écrivaine-historienne assuré par Marie-Célie Agnant. Au fait, la prise de parole historiographique d'Emma rappelle les « techniques de marronnage [littéraire] : le même désir de transgresser l'ordre établi, la même dynamique de résistance qui anime une héroïne telle que Tituba (*Moi, Tituba sorcière… Noire de Salem*) », comme l'explique ailleurs l'auteure (« Écrire » 19)[95]. Accablée par le deuil, la mélancolie et supposément la folie, Emma raconte, dans sa langue maternelle, l'histoire esclavagiste de son peuple et de sa lignée généalogique féminine. La sienne est une voix subalterne par excellence. Comme elle le faisait dans sa thèse de doctorat refusée par les instances universitaires, Emma cherche à assumer son agentivité historique et actuelle, mais non sans son lot de conflits, selon ce principe théorique de Spivak. Les écrits de Spivak se sont en grande partie composés autour du silence de la femme colonisée, le plus souvent du tiers-monde, abordant le discours inconcevable de la subalterne selon les paramètres patriarcaux d'un pouvoir impérialiste toujours existant. Démarquant son récit oral du « déroulement chronologiste simpliste » de l'Histoire (Moura, *Littératures* 145) et donc, au dire de Spivak, de l'État impérialiste et masculiniste, Emma conteste le temps chronologique des historiens, « ce temps que l'on croit passé et que l'on nomme temps jadis » (*Livre* 25). Son « interrogation » postcoloniale, pour encore emprunter à Moura, est celle « d'une mémoire en quête d'elle-même qui déroule ses contradictions » (*Littératures* 145). L'Histoire (euro et andro-centrique) sera encore ici perturbée par une poétique dialogique, non pas à travers l'ironie stridente que l'on trouve chez Bessora, mais par le « grand livre des femmes venues du pays de Guinée » (*Livre* 125), tout aussi polyphonique celui-là, transmis par les paroles de Mattie, grande cousine analphabète d'Emma : « un livre qu'elle construisait chaque jour, page après page » (*Livre* 109). La chronologie historique se verra remplacée par les récits à rebours de Mattie, qui remontent de plus en plus dans le temps, jusqu'à l'arrivée dans les Caraïbes de la première aïeule, la marronne Kilima.

---

95. Agnant associe également à ce marronnage littéraire le récit esclavagiste *Beloved* de Toni Morrison et l'œuvre d'autres écrivaines noires, notamment caribéennes, telles que Simone Schwarz-Bart et Gisèle Pineau.

Autant que le fût sa thèse, la langue d'Emma est dépourvue
d'autorité et donc jugée inintelligible par la culture dominante.
Emma s'engage à raconter « autrement » l'histoire de Grand-
Lagon ainsi que son histoire personnelle. Le grand récit historique est supplanté par une différence interne et supprimée, soit
le dialogisme des histoires de Mattie. Emma fait retentir cette
différence en transmettant le passé esclavagiste, l'histoire « d'une
île, lambeau de l'époque coloniale, vestige de sa cruauté, de son
inhumanité » (*Livre* 16-7) à Flore, son interprète. De plus, elle
le fait oralement, et strictement dans son créole natal, assurant
une sorte de rôle de *quimboiseur* féminin. Dépositaire d'une
tradition orale, Emma perpétue l'héritage que lui lègue Mattie
dans un corps à corps entre tante et nièce :

> Dans la pénombre, je vois Mattie passer sa langue sur ses
> lèvres desséchées. J'ai treize ans, mais je suis si petite que
> Mattie m'assoit encore sur ses genoux pour me natter les
> cheveux. [...] Parfois, elle suit le même tracé, parfois elle
> dessine un autre parcours. Tout en s'humectant les lèvres,
> tout en remuant ses doigts, Mattie parle (*Livre* 130).

Quant au créole – produit de la diglossie et de la pluralité
interne d'une langue –, il se veut d'abord le refus du mono-
linguisme du contexte culturel, soit celui du Québec contemporain dans lequel s'est exilée Emma. Le créole fonctionne aussi
comme refus contestataire de la domination du français standard.
Le projet historiographique d'Emma est certes de nature adversative, tout comme son emploi du créole, que le psychiatre
suppose être « une des clés du mystère » (*Livre* 9) de sa patiente
énigmatique, accusée d'un acte soi-disant incompréhensible.

Des transmissions dans l'histoire

La langue d'Emma sera d'emblée confrontée à la traduction de
Flore, cet « art de l'effleurement [...] pratique de la trace » (46),

selon Édouard Glissant. La parole cèdera à l'écriture par le biais de l'interprétation et de la transcription, notre seul accès, à nous les lecteurs, à l'histoire d'Emma. Tout le récit d'Emma, qu'elle refuse de raconter en français, est ainsi traduit par sa traductrice/interprète, Flore, la narratrice homodiégétique du roman. Une véritable prise (et reprise) de parole, le récit oral d'Emma se *livre* à un second dialogisme, cette fois de la transcription au féminin de Flore. Sa traduction effectuera une seconde « créolisation » (au dire de Glissant) et mènera le combat contre l'effacement de la voix de la subalterne, autrement reléguée, encore selon Spivak, à l'inintelligibilité par l'idéologie dominante. Flore réalise très vite que ce n'est guère une simple traduction qu'elle entreprend, mais un véritable et très intime projet historiographique : « Avec Emma, je traduis non pas des mots, mais des vies, des histoires. La sienne, d'abord » (*Livre* 16). De plus, l'entreprise de Flore entrave toute « "bonne" distance » (*Livre* 34), soit « la sacro-sainte neutralité à laquelle est tenue l'interprète » (*Livre* 35). Flore signale effectivement avoir « choisi mon camp » (*Livre* 35) et accepté Emma comme « une partie de moi-même » (*Livre* 34).

En vue des deux voix – celles de Flore et d'Emma –, insérées au cœur du texte historiographique, en ajoutant celles de Mattie et des grands-mères d'où provient l'histoire au féminin d'Emma, une mémoire plurielle et dissoute de tout principe hégémonique est à l'œuvre : « Avec Emma, j'ai appris à utiliser d'autres codes, j'ai découvert d'autres repères » (*Livre* 65). Intimité et collectivité se chevauchent ainsi, alors que plusieurs subjectivités s'entrecroisent. Toujours issue de Mattie, « la voix d'Emma s'est incrustée en » (*Livre* 35) Flore; l'autre s'est imprégnée dans le même, le passé dans le présent.

Comme dans *Petroleum*, les mythes fondateurs de l'histoire coloniale viennent vite s'écrouler. En parlant de cultures dites « composites nées de la créolisation », Glissant signale la nature

problématique de toute notion de mythe fondateur dans le
contexte antillais, étant donné que :

> [...] toute idée d'une Genèse ne peut qu'être ou avoir été
> importée, adoptée ou imposée : la véritable Genèse des peuples
> de la Caraïbe, c'est le ventre du bateau négrier et c'est l'antre
> de la Plantation (35).

Puisque le mythe fondateur de la Caraïbe naît de la colonisation européenne, il repose forcément dans la mort, s'avérant
plutôt une anti-genèse : « Oui, fait Emma qui secoue la tête,
écrivez, docteur MacLeod, notez dans votre calepin : Emma
nous est venue d'une colonie de morts vivants » (*Livre* 27).
Dans le contexte esclavagiste, la colonisation s'érige à partir de
l'infanticide, meurtre commis par des mères désespérées refusant
de condamner leurs enfants à l'asservissement ou de donner
naissance à des enfants issus de viol, et cela, dès les premières
migrations forcées des Africains aux colonies caribéennes[96].

Cependant, Emma ne fait pas que répéter le récit funeste de
l'esclavagisme. Elle tente aussi une mise au monde : la Genèse de
Flore, son interprète et réceptacle intersubjectifs, qui deviendra
une véritable fille du mythe créolisé. À la fin du roman, dans
les bras de Nickolas Zankoffi, amant endeuillé d'Emma et figure
transculturelle de rémission (« homme de tous les continents
dont le monde a besoin pour guérir du chaos dans lequel la haine
l'a fait basculer » [*Livre* 42]), Flore signale : « Oui, me disais-je,
Emma me met au monde, elle réinvente ma naissance » (167).
Comme l'écriture substitue à l'oralité, Flore prendra la place
d'Emma. Or, « Emma-Flore-Emma » (166), telle que la surnom-
mera Nickolas, sera bien plus disposée à déjouer, par sa traduction,

---

96. Le roman *The Book of Negroes,* de l'auteur canadien Lawrence Hill, traite
d'une occurrence pareille dans le contexte esclavagiste des États-Unis et
du Canada.

le destin qui a accablé la misérable lignée féminine d'Emma, dont le dernier membre est sa fille défunte Lola[97].

Étant donné l'oralité d'Emma en constante dialectique avec la traduction et l'éventuelle transcription de Flore, la parole se veut aussitôt traduction et livre, une mytho-historiographie. Le récit historique d'Emma s'allie au mythique, et plus précisément, au biblique, comme le suggère le titre du roman ainsi que la lignée généalogique d'Emma transmise par Mattie sous forme de genèse féminine :

> [...] la vie de Kilima, mon aïeule bantoue, celle de Cécile, qui ne faisait pas partie du même clan, mais avait servi de mère à Kilima lorsque, encore enfant, celle-ci arriva sur la plantation Comte, sur l'île de Saint-Domingue. Kilima donna naissance à Emma, dont je porte le nom, puis vint Rosa, puis encore Emma, puis encore Rosa, ma grand-mère [...] (*Livre* 127),

et qu'elle se répète comme une prière tirée d'une bible personnelle :

> Je répète sans relâche : la première s'appelait Kilima, elle avait été arrachée à sa mère Malayika, puis vendue aux négriers. Sur l'île, elle donna naissance à Emma, puis Emma à Rosa ; puis vint Fifie et encore Emma (131).

Le récit d'Emma est d'abord le produit d'une transmission orale, ensuite d'une « transmission intergénérationnelle » (Boucher 201), et enfin, d'une transcription, elle-même vouée à la perpétuité ainsi qu'à la supplémentarité par le fait même de l'herméneutique qui s'ensuivra, de sa lecture.

De même que le mythe, ne serait-ce pas ici l'histoire qui « nous parvient tout enrobé[e] de littérature » (Brunel, Préface 11) ?

---

97. Sur les dimensions éthiques de la traduction de Flore, voir l'article de Winfried Siemerling.

Autrement dit, à la conciliation du mythique au littéraire s'ajoute leur conciliation avec l'histoire. Dans cette historiographie reconfigurée par Emma, tout comme dans le récit mythique médéen qui la sous-tend, il y a effectivement réitération et réécriture alors que l'histoire d'Emma :

> [...] réitère fortement certaines formules, certaines séquences [du passé colonial, esclavagiste et intime, par exemple], certains rapports, mais encore il a le pouvoir de produire d'autres récits (Brunel, *Mythocritique* 31).

Voilà qui est vrai quant à la traduction, à l'interprétation et à la transcription de Flore, qui produisent effectivement de nouveaux récits.

Des Médées dans l'histoire

Si l'histoire, transmise par Flore par l'entremise d'Emma et à travers les paroles de Mattie, se prête ainsi au caractère réitérant du récit mythique, le personnage d'Emma, comme la protagoniste de *Petroleum*, s'avère le mythème le plus important – ici un rayonnement souterrain de la figure mythologique de Médée. *Le livre d'Emma* nous ramène à l'« acception assez large et non restrictive » du mythe (Mimoso-Ruiz, *Médée* 10) préconisée par Lévi-Strauss par rapport à ses irradiations sous-textuelles (Brunel, *Mythocritique* 31). Dit autrement, le mythe de Médée se reflète « dans le miroir tour à tour déformant » (Mimoso-Ruiz 10) du *Livre d'Emma*. Il est « tout enrobé » d'historiographie postcoloniale, la fiction et l'histoire se voulant deux genres manifestement « poreux », pour emprunter à Hutcheon (106).

Dotées d'un instinct criminel inné par leurs sociétés d'accueil, Médée et Emma subissent toutes deux ces « "malsonnante[s] rumeur[s]" » (Mimoso-Ruiz, « Médée » 979), racistes et xénophobes, circulant à leur compte. Après son arrestation à Montréal pour le meurtre de sa fille, Emma se trouve au centre de clichés médiatiques acharnés sur le cas d'« [u]ne Noire [qui] sacrifie son enfant... Une affaire de vaudou ? » (*Livre* 16), le crime comme la « preuve de la nature brute et sauvage à la limite du primitivisme du Noir » (Gbanou, « Langue » 150). De plus, la monstruosité médéenne fait à nouveau surface. Engendrée, selon la tante Grazie, par une sorte de démon énigmatique ou par un père aux allures « à la fois serpent et chacal » (70), et donc munie d'une descendance de nature mythologique, Emma, unique survivante de quintuplées, est perçue encore ici comme un monstre, notamment une bête qui aurait anéanti ses sœurs mortes-nées dans le ventre de sa mère. Comme la Médée de Bessora, la petite Emma est le bouc émissaire des cruautés de sa communauté de Grand-Lagon et ses pairs lui accolent une réputation de magicienne redoutable et maléfique, « bien capable de s'infiltrer dans votre âme ! » (74) :

> C'est elle qui, dans le ventre de sa mère, a sucé l'âme de ses sœurs. Regardez ses lèvres, des ventouses. Elle peut d'un seul coup aspirer tout le sang d'une personne, boire toute la sève d'un arbre, vider un homme de toute son eau. Il ne faut pas lui parler ! (*Livre* 68)

Contrairement à sa mère Fifie et à sa tante jumelle Grazie, Emma naît avec la peau très noire et elle acquiert, dès l'enfance, la réputation d'un monstre déjà coupable. Comme Médée, Barbare colchidienne et noire parmi les Grecs, Emma subit le mépris cruel des siens à cause de sa peau « presque bleue [...] c'est à cause de cela surtout qu'ils me détestent » (76), finit-elle par conclure. Mais Emma souffre avant tout du violent rejet par sa mère mulâtre, si fièrement blonde en réalité, le rejeton lointain du viol d'une aïeule esclave « saillie par quelque démon blanc en chaleur » (121). Afin de se débarrasser de sa fille pré-adolescente « le plus vite possible en [la] casant avec le premier venu » (92), Fifie la livrera aux tourments et diverses sorcelleries d'Azwélia – figure mythologique et notamment circéenne. Plus tard, Emma doctorante, toujours à la manière de Médée, incarnera un savoir dissident qui la rendra d'autant plus suspecte, cette fois parmi les Français.

Les efforts d'appartenance de Médée et d'Emma dans un monde qui les ostracise entraînent cette persécution sociale produisant, selon Maalouf, des « identités meurtrières », l'infanticide maternel trouvant « sa motivation la plus authentique dans [...] une dangereuse confirmation des idées de persécution » (Corloni et Nobili 11). L'infanticide se veut le motif principal parmi les effleurements mythiques du roman, révélateur du rapport d'Emma à l'histoire coloniale, de sa condition de femme noire et migrante et, bien entendu, de son rôle de mère. À la fois omniprésent et peu commenté dans le roman, l'infanticide renvoie intrinsèquement au passé esclavagiste narré par Emma et vécu par les femmes de sa lignée généalogique. Au fait, à l'instar de la tragédie d'Euripide qui fait rappeler à son auditoire la récurrence de l'infanticide dans la mythologie grecque, l'acte d'Emma s'anticipe dans tout le récit, notamment par la découverte par la jeune fille d'un nourrisson « non désiré » (82) dans l'une des caves de son île où repose le cadavre. Par ailleurs, l'infanticide est tragiquement attribué, d'abord par Emma, à un phénomène cyclique. Mais, en premier lieu, il remonte à la négligence et à la froideur inébranlable de Fifie qui font tant souffrir sa fille :

> Je comprends finalement qu'à mon approche, Fifie tremble du désespoir de voir le soir me ramener vivante et que, de tout son cœur, elle espère qu'un jour je finirai par me retrouver au bas des falaises (87).

Les infanticides commis par les descendantes d'Emma – ces « gestes des femmes du clan » (136) –, donnent à lire un leitmotiv du « ventre hostile » selon Françoise Naudillon (80). Ce « ventre-tombeau » (80), comme les bateaux négriers livrant leurs morts-vivants à la nouvelle colonie, rappelle en effet la venue au monde d'Emma et de ses sœurs nées mortes. « Elles ne suscitent aucun intérêt, les négresses ». Emma explique à Flore :

« Elles naissent déjà mortes. Elles naissent comme des têtards crevés » (*Livre* 25-6). La « malédiction venue des cales des négriers » (162) et des ancêtres d'Emma se lie donc intrinsèquement à la mort de la petite Lola, comme le prévoit Mattie, vaguement et malgré elle :

> Comme dans un songe très ancien, *tu répéteras les gestes des femmes du clan*. Ces gestes qu'elles faisaient pour mettre leurs enfants à l'abri des garrots qui les étouffaient dans les cales des négriers et dans les champs de canne [...] La dernière goutte de sang du clan de Kilima, déportée vers le Nouveau Monde, s'éteindra avec toi, comme un œil qui ferme. (136-37 ; nous soulignons)

Au sujet de sa propre maternité, Emma explique ainsi :

> [...] la chair de ta propre chair se transforme en bête à crocs et, de l'intérieur, déjà te mange. Pour cela, Lola devait mourir. Quelle importance, maintenant ou après, quelle importance ? *Comme moi, Lola était condamnée.* (162 ; nous soulignons)

Mal aimée, par-dessus tout par sa mère, la protagoniste porte une blessure incommensurable héritée de Fifie et dont elle n'est pas arrivée à s'extraire, et surtout pas par l'issue d'un discours universitaire rejeté avec véhémence par les évaluateurs de sa thèse de doctorat. Ce rejet est ainsi lié à la mort de Lola, puisque c'est à partir de lui qu'Emma, certes la subalterne que fait taire l'idéologie coloniale, résorbe son passé comme sa malédiction personnelle, sa fatalité immuable. Sa propre relation mère-fille avec Lola s'avère donc impossible : « Ainsi, nous abandonnons les nôtres, nous faisons mourir nos enfants, nous fuyons jusqu'à notre ombre » (108), fait remarquer Mattie. Le drame intime chevauche le drame collectif alors que se perpétue en Emma l'impossible maternité des ancêtres, y compris la troublante maternité de cette Fifie si cruelle. La malédiction dont parle Emma, ce qu'elle surnomme aussi le « mal », se veut mythique

puisqu'il «vient de loin. Il coule dans nos veines, nous l'ingur-
gitons dès la première gorgée du lait maternel» (108).

Plus d'une étude sur l'œuvre d'Agnant aborde *Le livre
d'Emma* sans, toutefois, réellement mettre au point la figure
de la mère infanticide qu'incarne sa protagoniste. On a fait
remarquer le courage et la dextérité de la romancière dans le
traitement de sujets jugés tabous : la représentation du corps
de la femme noire, la folie, le passé esclavagiste d'Haïti, le vécu
des femmes de cette période – objets d'échange colonial et
machines à reproduction –, et de ce qu'elles ont pu léguer à tort
ou à raison aux générations suivantes. Aussi le dernier tabou ne
serait-il pas toujours celui de la mère infanticide? Ou encore,
celui de la mère filicide, obscurcie par la réception critique du
Livre d'Emma (qui rappellera celle de *New Medea*), à l'instar
de l'occultation du mot «filicide» lui-même que nous signalions auparavant?

Ce dernier constat nous amène à réfléchir à la supposée
folie d'Emma que Flore signale dès les premières pages du roman
lors de sa première rencontre avec la patiente. Mais encore ici, la
folie ne viendrait-elle pas diminuer, en quelque sorte, «le caractère insoutenable de la mère infanticide ou filicide» (Mimoso-
Ruiz, *Médée* 208)? Toujours comme la Médée d'Euripide qui,
accablée d'une profonde mélancolie, ne perd jamais sa lucidité
effroyable, il n'est pas si sûr qu'Emma ait véritablement sombré
dans la folie. Flore constate une «résignation glaciale [qu'elle]
découvre à chaque fois dans le regard d'Emma, en dépit de
tout ce bavardage qui pourrait donner à penser le contraire»
(*Livre* 25) de cette «Emma, à la fois folle et trop lucide» (33).
Emma se raconte en effet de manière assez limpide, même
élégante, et en fin de compte, ordonnée. Quant au meurtre de
la petite Lola, Agnant ne nous tire pas, à son tour, aussitôt
d'embarras. La lucidité d'Emma, sans doute teintée d'une
mélancolie ravageuse, nous oblige une fois de plus à tenir
compte de toute l'humanité de la mère filicide. *Le livre d'Emma*
remonte non seulement aux sources historiques et mythiques

de l'infanticide au cœur du récit, mais le divulgue dans toute l'étendue de son quotidien.

Le principe de violence et de sacré selon René Girard peut encore venir éclairer notre lecture davantage, notamment ce qui noue historiographie et mythe dans ce roman. Ce qui fait de la victime un être sacré, propose Girard, est précisément le fait qu'elle sera tuée, tout comme il est criminel de la tuer à cause du fait qu'elle soit sacrée. Or, en surcroît, ce qui en rend une victime sacrée est son rôle de substitut toujours vulnérable et immédiat contre lequel se lance une violence inapaisée comme celle de la Médée d'Euripide. Lola, descendante de cette lignée féminine maudite, du « fiel » (*Livre* 119) de la mémoire générationnelle et esclavagiste de sa mère et de ses grands-mères, n'est-elle pas la victime de substitution par excellence ? Certes, l'infanticide d'Emma, mise à l'œuvre de la « malédiction » de son héritage, se veut acte sacrificiel de violence ultime.

La fin du roman évoque d'autant plus l'élément sacral et ritualiste de la *Médée* d'Euripide, soit son exode flamboyant dans le chariot de serpents ailés légué par Hélios. Pour Emma, l'issue, c'est le fleuve à sa portée, dans lequel elle se jette, bien que personne ne sache comment cela a pu se produire :

> Comment cela avait-il pu se produire ? Personne ne le savait. Toutes les portes étaient verrouillées, mais elle était quand même sortie. Elle avait longé la berge, vêtue de sa robe blanche. Elle avait son turban mauve qui lui donnait cet air de madone. On avait retrouvé la robe, elle flottait sur l'eau, et la jupe gonflait comme une méduse.
>
> « Elle disait toujours, elle disait sans cesse qu'elle reprendrait un jour la route des grands bateaux ». C'est ce que je répondis au policier […] (163).

Inexplicable, le suicide d'Emma se veut effectivement médéen. Il est de nature historique d'abord, mythique ensuite, tel que l'évoquent « l'air de madone » de la morte et la « robe blanche » retrouvée. Retour aux sources bien funeste à l'aïeule Kilima, qui, elle aussi, « avait repris le chemin des grands bateaux » (156). Il y aurait donc rappel de l'histoire esclavagiste d'Emma, que sa mort réussit encore une fois à rattacher au mythique.

Comme le montre le récit d'Emma, la mort s'incruste en plein cœur du mythe fondateur, la mort des innocents s'imposant parmi les assises les plus profondes de nos civilisations – nos cités fondées sur ce forfait que découvrait à son horreur la Médée de Christa Wolf dans les entrailles du palais de Créon dissimulant le cadavre d'Iphinoé. N'est-ce pas également l'essentiel du supposé délire obsessionnel » (*Livre* 160), du récit mythohistorique d'Emma ? Les mythèmes médéens dans *Le livre d'Emma* pointent vers une condition féminine d'autant plus historique, car elle est la conséquence de la violence intergénérationnelle, perpétuée par des actes de dissidence extrême. Enfin, s'il est vrai, comme le suggérait Marie Cardinal, que Médée « comme tous les personnages mythologiques [...] se situe au confluent de la Culture et de l'Histoire » (*La Médée* 42), Emma, elle, se veut au confluent de l'histoire et du mythe.

🝖🝖🝖🝖🝖🝖🝖🝖🝖

Pour conclure, une Médée postcoloniale et une Médée ancienne, de même que le sujet féminin et le sujet mythique, se rapprochent non dans ce qu'elles ont d'exceptionnel ou d'isolé, mais de commun et de quotidien. Bref, elles font toutes les deux partie inhérente d'une histoire intime et collective. Malgré le cynisme tranchant de *Petroleum* et le cycle funeste du *Livre d'Emma*, les deux œuvres viennent clore leur reprise du mythe de Médée sur une note d'espoir. *Petroleum* est le seul récit de notre étude dans lequel l'héritage mythique donne lieu à une fin amoureuse et heureuse pour Médée et Jason qui, comme le Gabon, continueront à vivre, même lorsque le bitume se sera détérioré. De son côté, l'histoire esclavagiste d'Emma se transforme en histoire de renouvellement pour Flore, par le fait même que la traductrice refuse de se soumettre au déterminisme de cette « malédiction » historique, si fatalement assurée par Emma. Comme le fait remarquer Winfried Siemerling, « *Flore opts for possibilities of agency that rewrite the script of seemingly unavoidable, blood-inscribed malediction* » (856)[98]. Tout en évoquant la futilité du meurtre sacrificiel commis par la Médée mexicaine de Moraga, en dernière analyse, l'interprétation déterministe de son histoire occasionne l'infanticide et le suicide d'Emma, ce dernier étant perçu par elle comme une promesse de retour aux sources féminines, perdues dans l'horrible passage du milieu. En définitive, comme la scène d'amour entre Nickolas et Flore le montre, la renaissance de Flore peut et doit supplanter la destructivité d'Emma. L'agencivité de la traduction de Flore doit remplacer la fatalité de l'héritage d'Emma.

En rappelant aussi la nouvelle Médée de Monique Bosco et la Médée révisionniste de Christa Wolf, le mythe dans *Petroleum* et *Le livre d'Emma* évoque ainsi libération et séquestration, autonomie et déterminisme. Dans *Petroleum,* si Médée semble séquestrée par son héritage onomastique et « grotesque » (224), elle réussit à échapper à ses semailles tragiques. Aussi Médée et Jason s'échappent-ils des gérants d'Elf-Gabon, dont la corruption et l'amertume risquent de les rattraper, Médée se voulant, en outre, une « voyageuse du futur » plutôt qu'une « archéologue sur les traces d'une civilisation disparue » (290-91). Rien de si réglé pour Emma, du moins sans l'intervention de Flore dont la transposition du récit d'Emma vient briser le cycle maladif des mères et de leurs enfants damnés. Ce n'est pas une simple coïncidence que *Petroleum* et *Le livre d'Emma,* en grande partie focalisés sur les catégorisations identitaires de race, de genre et de classe sociale, se terminent sur un ton intime. Cette intimité autonome, cette agentivité personnelle que se réclament Flore,

---

98. À ce sujet, voir Siemerling dont la lecture éthique du roman souligne le procédé essentiel de re-connaissance (« *re-cognition* ») de la transcription de Flore, permettant à cette dernière une nouvelle interprétation d'« *Emma's fatalistic reading of the story* » (856).

Médée et Jason viennent rompre la continuité des malédictions coloniales et mythiques pesant sur eux. À la lumière des Médées de Bessora et d'Agnant, il faut concevoir que le sujet féminin et postcolonial n'est ni tout à fait déterminé ni tout à fait autonome. Il est dans l'entre-deux des forces déterminantes du passé et des possibilités de l'avenir, dans l'entre-deux de son propre mythe toujours déjà incrusté dans l'imaginaire et transformé par l'acuité ludique et créatrice de ces deux romancières contemporaines. Ainsi Médée donne-t-elle lieu à une réflexion sur la non-cohérence du sujet : c'est ce que notre conclusion considérera désormais.

கிடிடிடிடிடிடிடி

Conclusion

Medea nunc sum

A U PREMIER abord, l'infanticide Médée personnifie difficile-ment une pensée éthique sur la subjectivité. La question paraît close et la boucle semble fermée. Mais alors que la problé-matique de l'infanticide persiste dans la littérature féminine actuelle, celle de l'éthique s'impose d'emblée par rapport au sujet mythique féminin, confronté à ses différents scénarios mythologiques.

Qu'elle soit d'ordre révisionnel, factieux ou postcolonial, une ouverture littéraire et foncièrement contemporaine sur le *sujet* Médée a guidé cet essai. Bien qu'il n'en soit pas le seul motif d'importance, l'infanticide se trouve au cœur des réécritures examinées dans les chapitres précédents. Malgré les spécificités formelles, thématiques et politiques les démarquant, ces mytho-poesis proposent avant tout l'admissibilité de la mère filicide dans la pensée féministe et le discours social sur le materna-lisme. À partir d'Euripide jusqu'à Marie-Célie Agnant, la figure médéenne cherche non seulement à mettre en lumière son humanité, mais à la concevoir dans toute sa complexité parfois brutale et le plus souvent contradictoire. Ce faisant, ces œuvres nous permettent de nous interroger sur l'*idée* de Médée, à savoir, sur la subjectivité féminine, l'agentivité et la responsa-bilité, trois notions forcément liées à « l'identité éthique, laquelle requiert une personne comptable de ses actes » (Ricœur, *Soi-même* 179).

Par une éthique, nous entendons avec Charles Taylor une pensée qui cherche à savoir « comment devrions-nous vivre » (*Sources* 79), et avec Paul Ricœur, une intersubjectivité ou « sollicitude » – un rapport du soi « avec et pour l'autre » (*Soi-même* 211) –, ainsi qu'une responsabilité du soi envers l'autre. En effet, Ricœur articule une « visée éthique » dans sa théorisation du sujet que nous évoquions au chapitre 4, « d'une vie accomplie » (200) ou encore « de la "vie bonne" avec et pour autrui dans des institutions justes » (202)[99]. Médée et éthique ? L'évidence du jumelage ne saute pas aux yeux. Or, ce savoir-vivre et ses déploiements dans la littérature relèvent directement de la conceptualisation dialectale du sujet qui nous a concernés tout le long de cette étude.

Selon la théorie de l'éthique cernée ici, l'agentivité exige la capacité en soi de reconnaître l'autre et d'agir dans le monde et sur lui. Comme le met en évidence l'intersubjectivité traitée cette fois par la psychanalyste féministe Jessica Benjamin, l'éthique suppose une certaine autonomie du sujet pourtant dissocié de son positionnement unitaire. Travaillée par Ricœur, l'éthique ne comprend rien de moins qu'une « dialectique de la possession et de la dépossession, du souci et de l'insouciance, de l'affirmation de soi et de l'effacement de soi » (*Soi-même* 198). C'est bien cette dialectique que la figure médéenne nous incite à contempler. Quant à la littérature, elle en serait la « propédeutique » de l'éthique, comme le suggère une fois de plus Ricœur :

> La littérature est un vaste laboratoire où sont essayés des estimations, des évaluations, des jugements d'approbation

---

99. Toujours au dire de Ricœur, cette visée éthique se démarque de la morale : « l'articulation de cette visée dans des *normes* caractérisées à la fois par la prétention à l'universalité et par un effet de contrainte [...] la morale ne constituerait qu'une effectuation limitée, quoique légitime et même indispensable, de la visée éthique, et l'éthique en ce sens envelopperait la morale » (200-201).

et de condamnation par lesquels la narrativité sert de propédeutique à l'éthique (139)[100].

Or, une nuance considérable doit s'ajouter à notre propos :
ainsi faut-il rappeler l'éthique à la possibilité de son effondre-
ment. La pensée de Benjamin est ferme à ce sujet : comme
l'éthique, la subjectivité relationnelle n'est pas normative, mais
« *should include the notion of breakdown* » (22). Aussi l'éthique
peut-elle échouer. D'entrée de jeu, n'oublions pas ce que sou-
lignait Franca Rame dans son *Medea prologo* : « Médée n'avait pas
beaucoup de dialectique, elle ne savait pas médiatiser » (106).
Autrement dit, si Médée est rarement un objet d'« approbation »
mais souvent de « condamnation », sa figuration littéraire peut
aussi bien devenir le motif d'une identité éthique à travers son
échec.

Médée antinomique

Médée : sujet d'un discours à la fois extérieur et circonscrit et
d'une existence intérieure et ontologique, d'où la série de confrontations dialectales évoquées dans cette étude : mythe et mythopoesis; tragédie antique et tragédie moderne; déconstruction
et humanisme; dépossession et possession ontologiques. La
responsabilité de Médée vis-à-vis de ses actions travaille certainement la mythopoesis médéenne au féminin, et entraîne, corollaire-
ment, la question du sujet-agent, comme nous avons commencé

---

100. Le lien éthique et littérature se manifeste notamment dans la critique
littéraire depuis la fin des années 1990. Pour un traitement du texte littéraire à la lumière de l'éthique, on pourra consulter, entre autres, le dossier
spécial de PMLA, « Ethics and Literature Study »; Carrière, *Writing in the
Feminine in French and English Canada : A Question of Ethics*; le récent
dossier d'*Études françaises*, « Responsabilités de la littérature : vers une
éthique de l'expérience », et notamment la présentation de Maïté Snauwaert
et d'Anne Caumartin sur les acceptations variées de l'éthique et les enjeux
de ce qu'elles nomment le « *problème de vivre* » dans la littérature.

à le sonder dans nos analyses. Une réflexion philosophique sur l'autonomie ontologique, à savoir la souveraineté du sujet féminin, nous mène bien au-delà de la singularité de l'acte filicide qui continue à interpeller et à perturber écrivains, critiques et lecteurs de Médée[101]. Si l'on est prêt à croire, avec les auteures de notre corpus, que Médée n'est ni sorcière, ni monstre, ni folle, mais qu'elle est humaine à part entière, ne faut-il pas également admettre qu'elle détient un « pouvoir faire » (toujours au sens ricœurien du terme) et choisit, du moins en partie, son propre parcours ?

La contradiction est manifeste, l'intériorité qui compose l'intentionnalité du sujet s'opposant à l'extériorité qui le constitue et le contraint. Un paradoxe pareil renvoie à la tension fondamentale sous-tendant la pensée ontologique depuis les penseurs de la tradition romantico et libéro-humaniste de Rousseau, de Kant et de Mills ainsi que la pensée existentialiste : notamment la tension entre les forces externes (culturelles, filiales, religieuses) auxquelles est soumis le sujet et sa capacité autonome d'être et d'agir à son propre gré pour ainsi pouvoir intervenir dans la matrice sociale. Quant à la notion de souveraineté personnelle, elle demeure au cœur de toute idée individualiste du sujet. Sa teneur humaniste provient de la philosophie du XVIIIᵉ siècle britannique et continental, mais elle se veut toujours pertinente dans notre ère postmoderne qui, à l'évidence, continue à puiser son esthétique dans le mythe, la tragédie et l'histoire.

Inspiré par la pensée de John Stuart Mills, le philosophe contemporain Kwame Anthony Appiah propose de définir l'individualisme ainsi : « *individuality means, among other things, choosing for myself instead of merely being shaped by the constraint of political and social sanction* » (*Ethics* 5). Une telle capacité

---

101. Quant à cette notion d'autonomie, « *self-fashioning, self-direction, self-authorship* » sont les dénotations offertes par Kwame Anthony Appiah dans sa pensée éthique sur le soi (*Ethics* 40).

individuelle ne vient pas toutefois atténuer la discordance
ontologique constitutive du sujet qu'il résume d'emblée :

> [...] *from the perspective that sees us as the product of history,*
> *society, culture – and, a fortiori, from the grandly scientific*
> *perspective that sees us enmeshed in causal chains that stretch*
> *from starfish to the stars – what really remains of autonomy?*
> (*Ethics* 52)

Manifestement, l'interrogation entre en jeu dans notre projet
de cerner Médée en tant que sujet mythique dans un discours
féministe actuel. Comment réconcilier l'héritage mythologique,
ce destin mythique ou sa fatalité si souvent tragique, avec l'intention psychologisée du sujet agent ? La question est impérative
puisque cette autonomie est fondamentale à toute aspiration
féministe, que celle-ci prenne la forme d'une résistance politique,
d'une transformation sociale ou d'une figuration littéraire sur
la manière d'*être* ou de *vivre* dans un monde habitable.

Les protagonistes des textes retenus dans cette étude
incarnent, d'une façon ou d'une autre, deux tendances notion-
nelles relatives au sujet féminin : un constructivisme social qui
divulgue sa dépossession postmoderne contre une autosuffisance
humaniste qui motive son agentivité. Quant aux ambivalences
du féminisme par rapport au sujet ontologique, nous avons déjà
tiré les grandes lignes du débat dans le quatrième chapitre. De
son côté, Jessica Benjamin souligne les affinités de sa psychanalyse relationnelle avec la déconstruction du sujet unitaire par
les féministes postmodernes comme Butler, Diana Fuss et Jane
Flax. Mais elle constate aussi la nécessité de retenir, du moins
pour une théorie de l'intersubjectivité et, ajoutons ici, de l'éthique,
« *some notion of the subject as a self, a historical being that preserves*
its history in the unconscious, whatever skepticism we allow about
reaching the truth of that history» (13). Rappelons donc simplement que la question d'agentivité féminine rejoint étroitement
la question de ma souveraineté ou de mon autonomie, une liberté
de conscience innée qui semble incompatible avec la notion de

forces sociales extérieures (de fait analogue à la fatalité tragique
du mythe de Médée) constitutives de ma personne, soit ces forces
qui agissent sur, contre et en moi. Posture paradoxale s'il y en a
une d'un métaféminisme actuel, le *méta* désignant ce qui suit,
mais aussi « ce qui dépasse *ou englobe* l'objet dont il est question »
(Saint-Martin, « Le métaféminisme » 165). À la suite de ses reven-
dications libéro-humanistes (son premier mouvement) et sa
déconstruction du sujet unitaire soi-disant universel mais bel
et bien masculin (son deuxième mouvement), le féminisme se
remet en cause – dans son troisième mouvement... ou du moins
son « deuxième mouvement et demi », car force est de constater
que l'auto-questionnement n'est pas un aspect insolite dans la
pensée féministe. Cette distance du féminisme envers lui-même
ne cherche pas à dénier le travail fondamental des prédéces-
seures pour ensuite battre en retraite, mais à incorporer des
positionnements contradictoires relatifs au sujet féminin et à
son rapport au monde.

Par ailleurs, on ne saurait dénier les outils d'analyse construc-
tiviste et déconstructioniste servant à divulguer, voire à subvertir
et transgresser les rapports de force et les structures sociales
et langagières relatives au genre sexuel, à la maternité et à la
subjectivité au féminin. S'avère d'autant plus considérable la
dénonciation des impératifs prétendument naturels et biologiques à l'œuvre dans la conception et le renforcement des stéréo-
types sexuels, et encore, de l'oppression patriarcale des femmes
et des hommes dans les diverses sphères de l'ordre symbolique
(psychologique, social, culturel, langagier). Mais le féminisme
– et l'écriture mythique au féminin en fait certes la preuve –
aura toujours la tâche de théoriser à fond la notion d'agentivité,
cette capacité de pouvoir non seulement identifier mais aussi
transgresser les forces sociales, mythiques ou tragiques qui
agissent sur le soi, dépossédé pour autant de son unicité. La
réclamation d'une souveraineté pareille pourrait bien être perçue
comme porteuse d'un essentialisme rétrograde ou encore d'une
nostalgie humaniste. Mais de telles accusations ne doivent pas

venir bâcler une *pensée double*, et encore métaféministe, sur le sujet. Il faut néanmoins en convenir, une telle pensée peut très bien se vouloir gênante vu notre sensibilité postmoderne à l'instabilité du sujet, déchu de sa métaphysique et écarté de sa présence à lui-même.

Alors que la question du sujet pose des dilemmes épistémologiques difficiles, sinon impossibles à résoudre, le sujet mythique n'est pas moins épris par une tension irréconciliable. D'abord, rappelons que les Médées de notre corpus, y compris la princesse barbare d'Euripide, montrent à quel point le sujet se constitue à partir de ses relations aux autres, s'avérant un individu en effet « dialogique » – mais au sens que donne cette fois Taylor à ce terme. Comme l'explique à son tour Appiah :

> *Beginning in infancy, it is in dialogue with other people's understandings of who I am that I develop a conception of my own identity. We come into the world "mewling and puking in the nurse's arms" (as Shakespeare so genially put it), capable of human individuality but only if we have the chance to develop it in interaction with others* (*Ethics* 20).

Au sujet des interactions de Médée, notamment dans son exil et sa société d'accueil, rappelons-nous l'influence définitive des chœurs de femmes de Cardinal, de Rame et de Moraga, des Corinthiens de Wolf et de Porter, des Gabonais et des expatriés de Bessora, des Bordelais et des Québécois d'Agnant : Médée est bien loin d'exhiber une identité présociale ou une existence autosuffisante. Le récit polyphonique de Christa Wolf l'aura amplement démontré : les voix de Jason, de Leukos, d'Akamas, d'Agaméda et de Glaucé créent tour à tour une version gonflante et périlleuse que la Medea sera finalement tenue d'incarner.

Plus que les autres œuvres de notre étude, les *stimmen* de Wolf mettent en relief le devenir en procès de Médée – sa constitution au travers du discours et de la perspective des autres. Ce devenir du sujet mythique rappelle à nouveau le *Medea fiam* sénéquien évoqué en effet par Wolf : « Je me dis, je suis Médée, la magicienne, si c'est cela que vous voulez. La sauvage, l'étrangère » (236). Le déterminisme ici socioverbal auquel Médée se trouve à devoir faire face dans ses diverses incarnations littéraires n'est donc pas sans rappeler le déterminisme de l'histoire mythique qu'elle porte en héritage : les rôles de « [m]onstre ! chienne ! scélérate ! mère dénaturée ! ordure ! » (Rame 116) que lui accordera sa société ; l'histoire dirigeante – « *Now, History: Come. Plot my course. / I'll be the monster for your books and plays / So be it. Seal my fate* » (Porter 99) – à laquelle elle se subjuguera ; « la réputation » qui « la précède » (Bessora 13) ; ou encore, « [c]ette malédiction venue des cales des négriers » (Agnant 162). Ainsi Appiah constate-t-il : « *Throughout our lives, part of the material that we are responding to in shaping our selves is not within us but outside us, out there in the social world* » (*Ethics* 21). Au fait, l'on pourrait rappeler ici une dernière fois l'Antigone de Sophocle selon l'analyse de Judith Butler. Ce sont des contraintes comparables s'imposant sur Antigone – condamnée à une mort vivante par l'héritage œdipien de son propre mythe – qui délimitent sa souveraineté : « *In this way* », écrit Butler, dans un constat que l'on pourrait aussi bien apposer à Médée,

> *Antigone does not achieve the effect of sovereignty she apparently seeks, and her action is not fully conscious. She is propelled by the words that are upon her, words of her father's that condemn the children of Œdipus to a life that ought not to have been lived. Between life and death, she is already living in the tomb prior to any banishment there. Her punishment precedes her crime, and her crime becomes the occasion for its literalization* (« Antigone's » 77).

Toutefois, Appiah insiste sur le besoin de fouiller plus loin les composantes du sujet afin de le débloquer des contraintes assaillantes de sa dépossession. S'appuyant toujours sur Mills et des philosophes de notre contemporanéité comme Taylor, Appiah soulève à nouveau la question d'autonomie ontologique : « *If no person was whole author of himself, neither could a person be wholly authored by another* » (*Ethics* 34). Tirée à même la tradition humaniste de Mills, une telle philosophie de l'individualité ne nous est-elle pas nécessaire pour pouvoir saisir Médée, par rapport non seulement aux forces mythiques et sociales qui la travaillent de l'extérieur et de l'intérieur, mais aussi à sa responsabilité, disons éthique, voire sa pertinence humaine ? En d'autres termes, ne faut-il pas reconnaître le besoin – sous-tendant tous les textes examinés – d'extraire Médée du déterminisme de son propre mythe, et donc la femme des aspects rédhibitoires de sa socialisation ? Par ailleurs, sa lucidité, soit son humanité ou sa « puissance d'agir » (Ricœur, *Soi-même* 138) ne lui était-elle pas instamment accordée par la tragédie pourtant bien grecque d'Euripide, qui, insiste Marie Cardinal, « ne pense pas comme les autres » (*La Médée* 21) ? Ne lui est-elle pas accordée par ses mythopoesis subséquentes ?

Cela dit, les mythopoesis de notre étude n'arrachent pas si facilement Médée des paramètres qui la constituent. La refiguration mythique n'a rien à avoir avec l'utopie d'un hors-le-texte imaginaire, symbolique ou social quelconque. D'une part, héritière d'une histoire abominable d'infanticide et d'autres actes atroces, Médée semble destinée à répéter l'acte qui lui a valu sa renommée. D'autre part, ses réécritures contemporaines lui accordent la disposition de choisir ou non un nouveau parcours. Pour reprendre la dialectique posée au cœur de *New Medea* : « donné[e] ce nom en héritage » (10), Médée aura toutefois « librement choisi [s]on destin abominable » (Bosco 22).

Quant à cette opposition vénérable entre contraintes extérieures et souveraineté agente, la réconciliation des deux perspectives n'est pas sans ses attraits. Par exemple, selon Joseph Raz, une personne tire son autonomie du fait qu'elle est en partie "auteure de sa vie" :

[…] *aware of his life as stretching over time. He must be capable of understanding how various choices have considerable and*

lasting impact in his life […] *All it requires is the awareness*
of one's options and the knowledge that one's actions amount
to charting a course that could have been otherwise (Ct. ds.
Appiah, *Ethics* 39).

De son côté, Taylor tente de réconcilier ces « *subject-centered*
and social-centered accounts » en postulant l'agentivité comme
pratique herméneutique d'interprétation des règles qui nous
constituent en tant que sujet :

> *A great deal of human action only happens insofar as the agent*
> *understands and constitutes itself as integrally part of a 'we'*
> […] *as engaged in practices, as a being who acts in and on a*
> *world* (Ct. ds. Appiah, *Ethics* 54).

Or, selon Appiah, les « solutions » de Raz et de Taylor ne sont
pas adéquates, étant donné que je suis si peu maître de ces
« options » dont parle Raz ou encore de ces règles que la philosophie de Taylor me donne la capacité d'interpréter. Appiah
rejette toute version « insipide » ou « tempérée » de la subjectivité (*Ethics* 40) qui ne peut que découler, au contraire, d'un
rapport foncièrement dialectique, d'un « modèle mixte », selon
Ricœur, le « plus intraitable » (*Soi-même* 136). Nous avons
précisément attribué ce rapport aux réinscriptions littéraires de
Médée. Chez Bosco et Wolf, Médée est simultanément déterminée par son destin et responsable de sa réalisation. Dans
la dramaturgie de Rame et de Moraga, la Medea fait figure
d'héroïne à la fois tragique et moderne, c'est-à-dire dotée d'une
fatalité antique et d'une intentionnalité moderne.

Une telle antilogie, que Benjamin considère au fait comme
essentielle à sa psychanalyse du sujet relationnel, vient certes
bousculer le besoin en nous de résoudre toutes contradictions
assaillant notre pensée. Or, les contraires n'ont pas à subir une
réconciliation en tant que telle, explique Appiah. Ils viennent
plutôt s'amonceler, cédant une superposition de perspectives à
la fois postmodernes et humanistes, pour s'ouvrir à une théorie

de la « non-cohérence » du soi (*Ethics* 60) d'autant plus propice à une pensée métaféministe sur le sujet :

> [...] *explanations in terms of reasons and explanations in terms of causes needn't proceed in lockstep. Once motivated, this noncoherence can be seen as both necessary and desirable; what we ask of a theory is that it be adequate to its own constitutive project – that it earn its* as ifs (*Ethics* 60).

Aussi cette « non-cohérence » rappelle-t-elle l'adage existentialiste formulé par Simone de Beauvoir : « l'angoisse et la tension de l'existence authentiquement assumée » (21). Ou encore, chez Ricœur : une tension non conciliable, mais « constituti[ve] d'une ontologie de l'ipséité en termes d'acte et de puissance », un :

> paradoxe apparent [qui] atteste que, s'il est un être du soi, autrement dit si une ontologie de l'ipséité est possible, c'est en conjonction avec un *fond* à partir duquel le soi peut être dit *agissant*» (*Soi-même* 357).

Selon Appiah, l'autonomie du sujet relève d'abord d'une réflexion critique sur l'existence qui, pourtant, revêt une multitude d'aspects imposés (ce qui le rapproche à nouveau aux postulats herméneutiques de Taylor). Pour reprendre nos textes médéens, cette réflexion relèverait de la lucidité du sujet mythique qui refuse, dès la tragédie d'Euripide, de se laisser balayer sous des accusations de monstruosité, l'excuse d'un décret divin ou l'égarement de la folie. « Je ne déraisonne pas, mes sœurs... J'ai tant pensé et médité, puis chassé mes pensées... », délibère, par exemple, la *Medea* de Rame (114). Il faut convenir que la souveraineté appartient à celle qui évalue et sélectionne le parcours qu'elle suivra parmi des options non choisies, mais données : les circonstances sociales de sa naissance, de son milieu familial, de sa culture, des mœurs de son entourage. Ainsi, toute éthique, réalisée ou échouée, provient-elle de cette dialectique :

> *Of course, neither the picture in which there is just an authentic nugget of selfhood, the core that is distinctively me, waiting to*

*be dug out, nor the notion that I can simply make up any self
I choose, should tempt us. We make up selves from a tool kit of
options made available by our culture and society.* We do make
choices, but we do not determine the options among which
we choose (Appiah, « Identity » 155; nous soulignons).

Ou encore, comme Jessica Benjamin le propose avec perspicacité :

*Perhaps this is a way of satisfying the need to be located in
history, in tradition, without feeling that you have simply been
enlisted in it: to accept that you have not created yourself
without being deprived of creativity* (5).

Il serait donc contre-indiqué de concevoir la subjectivité,
ou mythique ou ontologique, de manière « trop cohérente », à
savoir strictement en matière de déterminisme d'une matrice
sociale ou du mimétisme d'un héritage mythologique. Il faut
plutôt reconnaître, certes paradoxalement, la capacité des Médées
à l'étude de choisir leur abominable destin, qui agit pourtant
contre elles. Cet acquiescement des tensions paradoxales d'une
théorie du sujet se veut notamment utile lorsque les différentes
et divergentes composantes de Médée sont abordées, tout comme
elles servent à cerner, au dire de Benjamin, « *the tension between
different representations of the mother* » (6). Du côté de la pièce
de Deborah Porter, le constat éponyme, « *No More Medea* »,
exprime en effet son refus d'un déterminisme mythique qui fait
néanmoins des ravages depuis plus de deux millénaires. Dans
la pièce de théâtre de Cherríe Moraga, si le sacrifice de Chac-
Mool par Médée semble rejouer le destin mythologique de
l'infanticide Colchidienne, il s'agit d'un destin que Médée choisit
elle-même d'assurer en commettant, quoique futilement, un mal
pour en empêcher un autre.

Bref, l'infanticide Médée assure différentes postures qui
ne se concilient pas. La nature radicale, mais indigeste de l'agentivité féministe de la *Medea* de Franca Rame donne particulièrement à lire cette « nova donna » filicide certes excessive et

douteuse, alors que, en dernier lieu, la dramaturge souligne que nous sommes en pleine tragédie. La Médée de Bosco, quant à elle, choisit d'assumer son destin pendant que le chœur insiste sur le fait qu'elle aurait pu, et même dû, refuser son héritage mythologique. Enfin, Emma n'aurait-elle pas après tout erronément fait de l'histoire de ses ancêtres sa propre malédiction pour en faire son destin personnel immuable ainsi que celui de sa fille Lola ? Heureusement, il reviendra à Flore d'outrepasser le script maudit, de survivre au « mal » des mères infanticides de leur histoire.

Une poétique agente

Ayant entamé cette étude en discernant les composantes de la mythopoesis et des réécritures contemporaines du mythe de Médée, concluons-la en faisant quelques pas en arrière. Cherchant, au chapitre 1, à démentir une notion stricte du mythe comme récit homogène et fixe perpétué dans la littérature et les arts à travers les siècles, notre conception de la mythopoesis a privilégié la répétition – mais dans la différence –, l'incarnation – mais dans la transformation –, l'adaptation – mais dans la réécriture. Alors que nous avons retenu, avec Pierre Brunel, le « pouvoir faire » ricœurien du mythe, « le pouvoir de produire d'autres récits issus de lui par la reprise de ses éléments constitutifs » (*Mythocritique* 31), les reprises du mythe de Médée analysées dans cette étude réclament le pouvoir du sujet mythique de se (re)produire, et cela, parfois à son gré, parfois non.

Que nous repensions à la tragédie d'Euripide, à la transposition interprétative de Cardinal, aux monologues et dialogues de Rame et de Porter, à l'anti-utopie futuriste de Moraga, aux récits polyphoniques de Bosco et de Wolf ou aux confluences du mythe et de l'histoire coloniale de Bessora et d'Agnant, l'agentivité s'inscrivant dans ces textes mythopoétiques se manifeste, avant tout peut-être, dans la poétique même de l'œuvre. La réécriture au féminin, loin d'être une simple adaptation mythique,

peut et doit agir, soit narrativement, en fonction de ces options
ou « héritages » présentés à Médée. Le choix mythopoétique sera
d'autant plus considérable, car c'est lui qui permet justement le
regard nouveau que chaque auteure et lectrice pose sur Médée,
sur les multiples configurations de la femme et de la mère filicides
qu'elles admettent dans l'imaginaire contemporain.

Les protagonistes, si différentes soient-elles, se trouvent à
l'épreuve de la réinterprétation de leur propre mythe. Nos Médées
mettent d'abord en relief la réécriture du récit infanticide tel
qu'il est greffé dans l'imaginaire collectif pour aussitôt accentuer
l'acte de redire sous-tendant toute mythopoesis. Il n'est pas
simplement question d'un passage du vers à la prose dans
l'ouvrage de Marie Cardinal. Sa *Médée* s'éloigne à la fois de la
traduction et de l'adaptation pour proposer, par le fait de
« fabriquer de la Culture » (*La Médée* 32), une représentation
autre de la tragédie d'Euripide et de sa figure mythique. Évoquant
les modalités de la mythopoesis, l'Histoire monologique reprise
par Bessora et par Agnant cède à des formules inédites, multi-
pliant les histoires et renouvelant les mythes, leur portée et leurs
origines. Comme le montre enfin *New Medea*, ce qui aurait pu
« arrêter » Médée de « recommence[r] [s]on effroyable labeur de
mère meurtrière de ses fils » (18), soit d'interrompre la répétition mythique du cycle infanticide, c'est l'accomplissement de
sa souveraineté malgré son destin mythique – une autonomie
non assumée ni par la protagoniste, ni par l'auteure. Au dire de
Ricœur, Médée ne réussit pas, bien qu'elle ait la capacité de le
faire, à « se maintenir » dans son récit[102].

On pourrait donc avancer que l'agentivité dans ces textes,
si différents soient-ils, s'exerce au moyen de leur mythopoesis,
qui propose déjà une autre version possible de Médée. Ce qui

102. « L'identité narrative fait tenir ensemble les deux bouts de la chaîne : la
     permanence dans le temps du caractère et celle du maintien de soi »
     (*Soi-même* 196).

débloque Médée de sa mêmeté est précisément les modalités de ses mythopoesis, voire l'hétérogénéité et le dynamisme de sa poétique intertextuelle. Comme nous l'avons vu dans les textes de notre corpus, la mythopoesis assimile ou encore fait s'entrechoquer les genres littéraires, les pratiques discursives ainsi que les traditions mythiques, par son dialogisme inhérent et donc son ouverture sur l'autre. C'est elle qui nous permet de saisir Médée non seulement dans toutes ses contradictions, mais dans sa pertinence historique, transculturelle, quotidienne, et, en effet, éthique.

À l'instar du Gabon de *Petroleum*, cet enfant et du capitalisme néocolonial et des traditions africaines et européennes les plus anciennes, le sujet mythique se présente comme la progéniture d'une liminarité. Il se situe entre le déterminisme de son héritage tragico-mythique et sa propre capacité, pour le dire simplement, de s'en sortir. La mythopoesis, disait-on au début de l'essai, divulgue le sujet dans toute sa fragmentation, en fait le résultat instable, non cohérent d'une polyphonie imprévisible. S'ajoute donc la divulgation d'un sujet mythique, jamais complètement maître de son propre récit, mais non plus entièrement son esclave. Médée se greffe une place, certes instable et oscillante, pour se reconfigurer, et surtout, pour se *re*présenter dans une écriture métaféministe actualisée par le mythique ainsi que par la dialectique du sujet. Ainsi paradoxalement, toujours provisoirement, Médée vient-elle affirmer : *Medea nunc sum*. Maintenant, je suis Médée.

Bibliographie

Ouvrages primaires

AGNANT, Marie-Célie. *Le livre d'Emma*, Montréal : Remue-ménage, 2002.

BESSORA. *Petroleum*, Paris : Denoël, 2004.

BOSCO, Monique. *New Medea*, Ottawa : L'Actuelle, 1974.

CARDINAL, Marie. *La Médée d'Euripide*, Montréal : VLB, 1986.

EURIPIDE. *Médée. Euripide. Tragédies complètes I*, Marie Delcourt-Curvers (dir.), Paris : Gallimard, 1962, p. 125-198.

MORAGA, Cherríe. *The Hungry Woman: A Mexican Medea*, Albuquerque : West End, 2001.

PORTER, Deborah. *Flowers & No More Medea*, Toronto : Playwrights Canada, 1994.

RAME, Franca et Dario FO. *Médée. Récits de femmes et autres histoires*, tome IV, Paris : Dramaturgie, 1986. p. 111-116.

WOLF, Christa. *Médée : voix*, 1997, Alain Lance et Renate Lance-Otterbein (trad.), Paris : Fayard, 2004.

Ouvrages secondaires*

ABRAMS, M.H. *A Glossary of Literary Terms*, 6e édition, Fort Worth : Harcourt Brace College Publishers, 1993.

ACHEBE, Chinua. *Things Fall Apart*, 1958, New York : McDowell, 1959.

AGNANT, Marie-Célie. « Écrire en marge de la marge », *Reconfigurations. Canadian Literatures and Postcolonial Identities/Littératures canadiennes et identités postcoloniales*, Marc Maufort et Franca Bellarsi (dir.), Bruxelles, Peter Lang, 2002, p. 15-20.

---

*   *Indique la présence d'une adaptation, d'une représentation ou d'une réécriture du mythe de Médée*

ALARCÓN Daniel Cooper. *The Aztec Palimpsest. Mexico in the Modern Imagination*, Tuscon : University of Arizona, Press, 1997.

ALLEN, Jenny. « New Play Takes on Chicana Re-Make of Medea Myth », compte rendu de *The Hungry Woman. A Mexican Medea*, par Cherríe Moraga, *The Stanford Daily Online*, n° 11, mai 2005, 5 juillet 2008, Web.

ALLEN, Paula Gunn. *The Sacred Hoop. Recovering the Feminine in American Indian Traditions*, Boston : Beacon, 1986.

ANAYA, Rudolfo A. et Francisco Lomeli. « Introduction », *Aztlán. Essays on the Chicano Homeland*, 1989, Albuquerque : Academia/El Norte Publications, 1991, p. ii-iv.

ANDERLINI, Serena. « When is a Woman's Work Her Own ? », *Feminist Issues*, vol. 11, n° 1, printemps 1991, p. 23-52.

* ANDERSON, Maxwell. *The Wingless Victory. A Play in Three Acts*, Washington : Anderson, 1936.

* ANDRESEN, Sofia de Mello Breyner. *Dia do Mar*, Lisbonne : Atica, 1961.

ANGENOT, Marc. « L'intertextualité : enquête sur l'émergence et la diffusion d'un champ notionnel », *Revue des sciences humaines*, n° 189, 1983, p. 121-135.

* ANOUILH, Jean. *Médée. Nouvelles pièces noires*, Paris : Table ronde, 1946, p. 355-403.

ANTHONY, Adelina. « Cherríe Moraga », entrevue avec Cherríe Moraga, *BOMB*, n° 98, 2007, p. 60-65.

APPIAH, Kwame Anthony. *The Ethics of Identity*, Princeton : Princeton University Press, 2005.

—. « Identity, Authenticity, Survival : Multicultural Societies and Social Reproduction », *Multiculturalism. Examining the Politics of Recognition*, Charles Taylor *et. al.*, Amy Gutmann (dir.), Princeton : Princeton University Press, 1994, p. 149-163.

ARCELLASCHI, André. *Médée dans le théâtre latin d'Ennuis à Sénèque*, Rome : École française de Rome, 1990.

* ARNAUD, Simone. *Médéia*, Paris : P. Ollendorff, 1898.

ARNS, Peter. « Translating a Greek Myth : Christa Wolf's *Medea* in a Contemporary Context », *Neophilologus*, n° 85, 2001, p. 415-428.

ARRIZÓN, Alicia. « Mythical Perfomativity : Relocating Aztlán in Chicana Feminist Cultural Productions », *Theatre Journal*, n° 52, 2000, p. 23-49.

ASHE, Marie. « The "Bad Mother" in Law and Literature: A Problem of Representation », *Hastings Law Journal*, vol. 43, n° 4, 1992, p. 1017-1037.

AUCOUTURIER, Michel. Préface : Mikhail Bakhtine philosophe et théoricien du roman, *Esthétique et théorie du roman*, Daria Olivier (trad.), Paris : Gallimard, 1978, p. 9-19.

Bᴀ̀, Mariama. *Un chant écarlate*, Dakar : Nouvelles éditions africaines, 1981.

Bᴀᴋʜᴛɪɴᴇ, Mikhaïl. *Esthétique et théorie du roman*, Daria Olivier (trad.), Paris : Gallimard, 1978.

—. *La poétique de Dostoïevski*, Isabelle Kolitcheff (trad.), Paris : Seuil, 1970.

Bᴀʀᴛʜᴇs, Roland. « Comment représenter l'Antique ? », *La tragédie grecque et sa représentation moderne* (1992), Roger-François Gauthier (dir.), Paris : CNDP, 1995, Théâtre aujourd'hui, p. 48-51.

—. *Mythologies*, 1957, Paris : Seuil, 1970.

Bᴇᴀᴜᴠᴏɪʀ, Simone de. *Le deuxième sexe. Les faits et les mythes*, tome I, 1949, Paris : Gallimard, 1976.

Bᴇʀɴᴀʀᴅ, Nadine. *Femmes et société dans la Grèce classique*, Paris : Armand Colin, 2003.

Bᴇʀsɪᴀɴɪᴋ, Louky. *L'euguélionne*, Montréal : La Presse, 1976.

Bᴇssɪᴇ̀ʀᴇ, Jean et Jean-Marc Mᴏᴜʀᴀ. « Introduction », *Littératures post-coloniales et francophonie*, Conférences du séminaire de littérature comparée de l'Université de la Sorbonne Nouvelle, Jean Bessière et Jean-Marc Moura (dir.), Paris : Honoré Champion, 2001, p. 7-10.

Bʜᴀʙʜᴀ, Homi K. *Les lieux de la culture*, Françoise Bouillot (trad.), Paris : Payot & Rivages, 2007.

* Bɪɴᴇᴛ, Caroline, metteure en scène. *Médée*, Euripide, Florence Dupont (trad.), 9 mars-7 avril 2011, décors : Prisme 3, scénographie et costumes : Geneviève Lizotte, éclairages : Bruno Rafie, Théâtre Denise-Pelletier, Montréal, Théâtre.

Bʟᴜɴᴅᴇʟʟ, Sue. *Women in Ancient Myth*, Cambridge : Harvard University Press, 1995.

Bʟᴜɴᴅᴇʟʟ, Sue et Margaret Wɪʟʟɪᴀᴍsᴏɴ (dir.). *The Sacred and the Feminine in Ancient Greece*, Londres : Routledge, 1998.

* Bᴏᴄᴄᴀᴄᴇ, Giovanni. *Des clères et nobles femmes*, Jeanne Baroin et Josiane Haffen (dir.), Paris : Belles Lettres, 1993-1995.

Bᴏɴᴇɴꜰᴀɴᴛ, Joseph. *Passions du poétique*, Montréal : L'Hexagone, 1992.

Bᴏɴɢɪᴇ, Elizabeth Bryson. « Heroic Element in the *Medea* of Euripides », *TAPA*, nᵒ 107, 1977, p. 27-56.

Bᴏᴜᴄʜᴇʀ, Colette. « Québec-Haïti. Littérature transculturelle et souffle d'oralité : Une entrevue avec Marie-Célie Agnant », *Ethnologies*, vol. 27, nᵒ 1, 2005, p. 195-221.

Bᴏʏᴇʀ, Régis. « Existe-t-il un mythe qui ne soit pas littéraire ? », *Mythes et littérature*, Pierre Brunel (dir.), Paris : Presses de l'Université Paris-Sorbonne, 1994, p. 153-164.

BRAGA, Corin. « Utopie, eutopie, dystopie et anti-utopie », *Rivista di filosofia on-line*, vol. 1, n° 2, septembre 2006, p. 1-34, 11 juin 2008, Web.

* BRAVERMAN, Kate. *Lithium for Medea*, 1979, New York : Seven Stories, 2002.

BRECHT, Bertolt. *Petit organon pour le théâtre* 1948, *suivi de Additifs au petit organon*, 1954, Jean Tailleur (trad.), Paris : L'Arche, 1970.

BRIDGE, Helen. « Wolf's *Kassandra* and *Medea*: Continuity and Change », *German Life and Letters*, vol. 57, n° 1, janvier 2004, p. 33-43.

BROCHU, André. « Portrait de Minerve peint par elle-même, entrevue avec Monique Bosco », *Voix et images*, vol. 9, n° 3, 1984, p. 5-12.

BROSSARD, Nicole. *L'amèr, ou le chapitre effrité*, Montréal : Quinze, 1977.

BRUNEL, Pierre. « Introduction au symposium "Mythes : domaine et méthodes" », *Mythes, images, représentations*, Jean-Marie Grassin (dir.), Actes du XIVᵉ congrès de la Société française de littérature générale et comparée, Limoges, 1977, Paris : Didier érudition, 1981, p. 29-33.

—. *Mythocritique, théorie et parcours*, Paris : Presses universitaires de France, 1992.

—. Préface, *Dictionnaire des mythes littéraires*, Pierre Brunel (dir.), Monaco : Éditions du Rocher, 1988, p. 7-15.

—. Présentation, *Mythes et littérature*, Pierre Brunel (dir.), Paris : Presses de l'Université Paris-Sorbonne, 1994, p. 7-11.

* BRYARS, Gavin. *Medea*, mise en scène de Robert Wilson ; direction d'orchestre par Richard Bernas, Opéra de Lyon et Opéra de Paris, 1984, Représentations.

BUTLER, Judith. *Antigone's Claim. Kinship Between Life and Death*, New York : Columbia University Press, 2000.

—. *Troubles dans le genre. Pour un féminisme de la subversion*, Cynthia Kraus (trad.), Paris : Éditions La Découverte, 2005.

CAPUTI, Jane. « On Psychic Activism: Feminist Mythmaking », *The Feminist Companion to Mythology*, Carolyne Larrington (dir.), Londres : Pandora, 1992, p. 425-440.

CARDINAL, Marie. *Les mots pour le dire*, Paris : Livre de poche, 1977.

* CARR, Marina. *By the Bog of Cats*, Londres : Faber and Faber, 2004.

CARRIÈRE, Marie. « Feminism as a Radical Ethics? Questions for Feminist Researchers in the Humanities », *Journal of Academic Ethics*, vol. 4, n° 1, 2006, p. 245-260.

—. *Writing in the Feminine in French and English Canada. A Question of Ethics*, Toronto : University of Toronto Press, 2002.

CIXOUS, Hélène. *Le rire de la Méduse et autres ironies*, Préface Frédéric Regard, Paris : Galilée, 2010.

CHAMBERLAND, Aline. *La fissure*, Montréal : VLB, 1985.

CHANTER, Tina. *The Ethics of Eros. Irigaray's Rewriting of the Philosophers*, New York : Routledge, 1995.

* CHERUBINI, Luigi. *Medea. Opéra en trois* actes, 1797, Libretto de François Benoît Hoffman, Paris : Imbault, sans date.

CHRIST, Carol et Judith PLASKOW (dir.). *Womanspirit Rising. A Feminist Reader in Religion*, San Francisco : Harper and Row, 1979.

CIXOUS, Hélène. « Le rire de la Méduse », *L'Arc*, n° 61, 1975, p. 39-54.

* CLAUDEL, Philippe, scénario et mise en scène. *Il y a longtemps que je t'aime*, rôle principal : Kristin Scott Thomas, UGC YM/Sony Pictures Classics, 2008, Cinéma.

CLAUSS, James J. et Sarah ILES JOHNSTON (dir.). *Medea. Essays on Medea in Myth, Literature, Philosophy, and Art*, Princeton : Princeton University Press, 1997.

CLÉMENT, Catherine et Hélène CIXOUS. *La jeune née*, Paris : Union Générale d'Éditions, 1978.

COLE, Joshua. « The Difficulty of Saying "I" », *Journal of European Studies*, vol. 29, n° 4, 1999, p. 405-416.

CONDÉ, Maryse. *Moi, Tituba sorcière... Noire de Salem*, Paris : Mecure de France, 1986.

COOPER, Grace. « The Mythical Mermaid: A Part of Black Heritage », *Sankofa* 1, 2002, p. 46-52.

CORLONI, Glauco et Daniela Nobili. *La mauvaise mère. Phénoménologie et anthropologie de l'infanticide*, Robert Maggiori (trad.), Paris : Payot, 1977.

* CORNEILLE, Pierre. *Médée : Tragédie*, André de Leyssac (dir.), Genève : Droz, 1978.

CORTI Lillian. « Mariama Ba's "Mireille" as Modern Medea: The Tragic Implications of *Un chant écarlate* », *Emerging Perspectives on Mariama Ba. Postcolonialism, Feminism, and Postmodernism*, Azodo, Ada U. (dir.), Trenton, New Jersey : Africa World Press, 2003, p. 89-106.

—. « Medea and *Beloved*: Self-Definition and Abortive Nurturing in Literary Treatments of the Infanticidal Mother », *Disorderly Eaters. Texts in Self-Empowerment*, Lillian Furst (dir.), University Park : Pennsylvania State University Press, 1992, p. 61-77.

—. *The Myth of Medea and the Murder of Children*, Londres : Greenwood, 1998.

COTTINO-JONES, Marga. « Franca Rame on Stage. The Militant Voice of a Resisting Woman », *Italica*, vol. 72, n° 3, automne 1995, p. 323-339.

COURTÈS, Noémie. « Circé, Médée, Armide : la triple figure d'Hécate au XVIIᵉ siècle », *Figures mythiques. Fabrique et métamorphoses*, Véronique Léonard-Roques (dir.), Clermont-Ferrand : Presses universitaires Blaise Pascal, 2008, p. 135-149.

COUSINEAU, Anne-Marie. « Le moment historique de la tragédie grecque », *Les cahiers (du Théâtre Denise-Pelletier)*, nᵒ 79, printemps 2011, p. 26-29.

CURINO, Laura. *Passion, Mythic Women/Real Women. Plays and Performance Pieces by Women*, Lizbeth Goodman (dir.), Londres : Faber, 2000, p. 87-112.

DALY, Mary. *Gyn/Ecology. The Metaethics of Radical Feminism*, Londres : Women's Press, 1979.

* DANTE. *La divine comédie. L'enfer*, Jacqueline Risset (dir.), Paris : Flammarion, 1985.

DAROS, Philippe. « Le mythe tel quel ? », *La dimension mythique de la littérature contemporaine*, Ariane Eissen et Jean-Paul Engélibert (dir.), Poitiers : La licorne, 2000, p. 13-27.

* DELACROIX, Eugène. *Médée furieuse poignardant ses enfants*, 1862, huile sur toile, Musée du Louvre, Paris.

DELCOURT-CURVERS, Marie. Notice, *Euripide. Tragédies complètes*, tome I, Marie Delcourt-Curvers (dir.), Paris : Gallimard, 1962, p. 125-131.

DELEUZE, Gilles. *Répétition et différence*, Paris : Presses universitaires de France, 1976.

DERRIDA, Jacques. Éperons. *Les styles de Nietzsche*, Venezia : Corbo e Fiori, 1976.

DEVI, Ananda. *Moi, l'interdite*, Paris : Dapper, 2000.

DIAMOND, Irene et Gloria ORENSTEIN (dir.). *Reweaving the World. The Emergence of Ecofeminism*, San Francisco : Sierra Club Books, 1990.

DIEL, Paul. *Le symbolisme dans la mythologie grecque, étude psychanalytique*, Paris : Payot, 1952.

DREWAL, Henry John, Charles GORE et Michelle KISLIUK. « Siren Serenades: Music for Mami Wata and Other Water Spirits in Africa », *Music of the Sirens*, Linda Phyllis Austern et Inna Naroditskaya (dir.), Bloomington : Indiana University Press, 2006, p. 294-316.

DUBUISSON, Daniel. *Mythologies du XXᵉ siècle. Dumézil, Lévis-Strauss, Éliade*, 1993, Villeneuve D'Ascq : Presses Universitaires du Septentrion, 2008.

DUMÉZIL, Georges. *Mythe et épopée*, 1968, Paris : Gallimard, 1973.

DUPLESSI, Rachel Blau. *Writing Beyond the Ending. Narrative Strategies of Twentieth-Century Women Writers*, Bloomington : Indiana University Press, 1985.

DURAND, Gilbert. *Les structures anthropologiques de l'imaginaire. Intro-duction* à l'archétypologie générale, Paris : Bordas, 1969.

DURANTE, Daniel Castillo. *Les dépouilles de l'altérité*, Montréal : XYZ, 2004.

* DURAS, Marguerite. *Sublime, forcément sublime Christine V,* 1986, Montréal : Héliotrope, 2006.

—. *Le vice-consul.* Paris : Gallimard, 1966.

DURHAM, Carolyn A. « Medea: Hero or Heroine », *Frontiers,* vol. 8, n° 1, 1984, p. 54-59.

EISSEN, Ariane et Jean-Paul ENGÉLIBERT (dir.), Avant-propos, *La dimension mythique de la littérature contemporaine*, Poitiers : La licorne, 2000, p. 3-12.

ELAM, Harry J. Jr. « The Postmulticultural: A Tale of Mothers and Sons », *Crucible of Cultures. Anglophone Drama at the Dawn of a New Millennium,* Marc Maufort et Franca Bellarsi (dir.), Bruxelles : Peter Lang, 2002, p. 113-128.

ELIADE, Mircea. *Le mythe de l'éternel retour,* Paris : Gallimard, 1969.

ESQUIVEL, Laura. *Como agua para chocolate,* New York : Anchor Books, 1989.

* EUMELOS. *Corinthiaca* (aujourd'hui perdues).

EVANS, Sir Arthur et Joan EVANS. *The Palace of Minos,* Londres : Macmillan and Co., p. 1921-1935.

FARRELL, Joseph. « Liberating Franca », *Dario Fo and Franca Rame. Harlequins of the Revolution,* Londres : Methuen, 2001, p. 194-210.

FLAX, Jane. *Thinking Fragments. Psychoanalysis, Feminism, and Postmodernism in the Contemporary West,* Berkeley : University of California Press, 1990.

FOLEY, Helen, « Medea's Divided Self », *Classical Antiquity,* vol. 8, n° 1, avril 1989, p. 61-85.

FRADEN, Rena. *Imagining Medea. Rhodessa Jones and Theatre for Incarcerated Women,* Chapel Hill : The University of North Carolina Press, 2001.

FRANK, Barbara. « Permitted and Prohibited Wealth: Commodity-Possessing Spirits, Economic Morals, and the Goddess Mami Wata in West Africa », *Ethnology. An International Journal of Cultural and Social Anthropology,* vol 34, n° 4, 1995, p. 331-346.

FRAZER, Sir James. *The Golden Bough,* 1890, Sioux Falls, SD : Nuvision Publications, 2006.

FREUD, Sigmund. « Deuil et mélancolie », 1917, *Métapsychologie,* Jean Laplanche et J.B. (trad.), Pontales, Paris : Gallimard, 1968, p. 147-174.

FUSS, Diana. *Essentially Speaking. Feminism, Nature & Difference,* New York : Routledge, 1989.

GALLOP, Jane. « "Women" in *Spurs* and Nineties Feminism », *Diacritics*, vol. 25, n° 2, 1995, p. 126-134.

GANT-BRITTON, Lisbeth. « Mexican Women and Chicanas Enter Futuristic Fiction », *Future Females, The Next Generation. New Voices and Velocities in Feminist Science Fiction Criticism*, M.S. Barr. Lanham (dir.), Rowman & Littlefield, 2000, p. 261-276.

GARNIERA, Xavier. « Derrière les "vitrines du progress" », *Littérature et développement*, janvier-mars 2005, 22 juin 2009, Web.

GASSNER, John. *Masters of the Drama*, 1940, New York : Dover, 1945.

GAY, Jane De. « Seizing Speech and Playing with Fire: Greek Mythological Heroines and International Women's Performance », *Languages of Theatre Shaped by Women*, Jane De Gay et Lizbeth Goodman (dir.), Bristol : Intellect Books, 2003, p. 11-36.

GBANOU, Sélom Komlan. « Langue française et identités conflictuelles, *Le livre d'Emma*, de Marie-Célie Agnant, ou comment rester soi dans la langue de l'autre », *Francophonie en Amérique. Quatre siècles d'échanges, Europe-Afrique-Amérique*, Justin Bisanswa et Michel Tétu (dir.), Québec : CIDEF-AFI, 2005, p. 145-153.

—. « La traversée des signes : roman africain et renouvellement du discours », *Revue de l'Université de Moncton*, vol. 37, n° 1, 2006, p. 39-66.

GÉLINAS, Gratien. *Tit-Coq : pièce en trois actes*, Montréal : Les Éditions de l'Homme, 1968.

GIRARD, René. *La violence et le sacré*, Paris : Grasset, 1972.

GLISSANT, Édouard. *Introduction à une poétique du divers*, Paris : Gallimard, 1996, *Globe and Mail*, 16 et 17 juillet 2010, Web.

GODARD, Barbara. « Structuralism/Poststructuralism : Language, Reality, and Canadian Literature », *Canadian Literature at the Crossroads of Language and Culture. Selected Essays by Barbara Godard 1987-2005*, Smaro Kamboureli (dir.), Edmonton : NeWest, p. 53-82.

GOODMAN, Lizbeth. Introduction, *Mythic Women/Real Women. Plays and Performance Pieces by Women*, Lizbeth Goodman (dir.), Londres, Faber, 2000, p. ix-xl.

GOUDOT, Marie. « Medea fiam : Christa Wolf et les métamorphoses du mythe », *Études*, vol. 391, n° 5, 1999, p. 525-533.

* GRAHAM, Martha. *Cave of the Heart*, 10 mai 1946, décors : Isamu Noguchi, costumes : Edythe Gilfond, éclairage : Jean Rosenthal, Martha Graham Company, McMillin Theatre, Columbia University, New York, Danse.

Grassin, Jean-Marie. « Mythe et littérature comparée : l'expérience du "mythocomparatisme" », *Mythes, images, représentations,* Jean-Marie Grassin (dir.), Actes du XIVᵉ congrès de la Société française de littérature générale et comparée, Limoges, 1977, Paris : Didier érudition, 1981, p. 7-13.

Graves, Robert. *Les mythes grecs,* Mounier Hafez (trad.), Paris : Fayard, 1967.

—. *The White Goddess. A Historical Grammar of Poetic Myth,* 1948, Londres : Faber, 1961.

Greer, Germaine. *Sex and Destiny. The Politics of Human Fertility,* Londres : Secker & Warburg, 1984.

Greimas, Algirdas Julien. « Éléments pour une théorie de l'interprétation du récit mythique », *Communications,* tome VIII, 1966, p. 28-59.

* Grillparzer, Franz. *Medea, Das goldene Vlies. Dramatisches Gedicht,* 1821, Wien : Burgtheater, 1994.

Grinberg, Leon et Rebeca. *Psychoanalytic Perspectives on Migration and Exile,* New Haven : Yale University Press, 1989.

Grosz, Elizabeth. *Sexual Subversions. Three French Feminists,* Sydney : Allen, 1989.

* Guilbault, Denise, metteure en scène. *Manhattan Medea,* Dea Loher, Olivier Balagna et Laurent Muhleisen (trad.), 29 mars-23 avril 2011, décors : Max-Otto Fauteux, costumes : Mérédith Caron, éclairage : Caroline Ross, Théâtre Espace Go, Montréal, Théâtre.

Günsberg, Maggie. *Gender and the Italian Stage. From the Renaissance to the Present Day,* New York : Cambridge UP, 1997.

Haraway, Donna. « A Manifesto for Cyborgs: Science, Technology and Socialist Feminism in the 1980's », *Coming to Terms. Feminism, Theory, Politics.* Elizabeth Weed (dir.), New York : Routledge, 1989, p. 173-204.

Harrison, Tony. « Medea: A Sex War Opera », *Dramatic Verse. 1973-1985,* Newcastle Upon Tyne : Bloodaxe, 1985, p. 363-448.

Havercroft, Barbara. « Auto/biographie et agentivité au féminin dans *Je ne suis pas sortie de ma nuit* d'Annie Ernaux », *La francophonie sans frontière. Une nouvelle cartographie de l'imaginaire au féminin,* Lucie Lequin et Catherine Mavrikakis (dir.), Paris : L'Harmattan, 2001, p. 517-535.

H.D. *Collected Poems, 1912-1944,* Louis L. Martz (dir.), New York : New Directions, 1983.

Heidegger, Martin. *L'être et le temps,* Paris : Gallimard, 1965.

Hill, Lawrence. *The Book of Negroes,* Londres : Doubleday, 2009.

Hirst, David. « The Monologues », *Modern Dramatists : Dario Fo and Franca Rame,* New York : St. Martin's, 1989, p. 107-155.

* HOLMÈS, Augusta. *Toison d'or*, 1881, inédit, opéra.

HUTCHEON, Linda. *A Poetics of Postmodernism. History, Theory, Fiction*, New York : Routledge, 1992.

INTERNATIONAL JOURNAL OF FRANCOPHONE STUDIES, « Extending the Boundaries of Francophone Postcolonial Studies », vol. 10, n° 3, 2007.

IRELAND, Susan. « Bessora's Literary Ludics », *Dalhousie French Studies,* n° 68, automne 2004, p. 7-16.

IRIGARAY, Luce. Éthique de la différence sexuelle, Paris : Minuit, 1984.

—. *Sexes et parentés*, Paris : Minuit, 1987.

—. *Spéculum de l'autre femme*, Paris : Minuit, 1974.

—. *Le temps de la différence. Pour une révolution pacifique*, Paris : Librairie générale française, 1989.

JACOB, Suzanne. *L'obéissance*, Paris : Seuil, 1991.

JOHNSON, Pauline. *Feminism as Radical Humanism*, Boulder : Westview, 1994.

JOHNSTON, Sarah Iles. « Corinthian Medea and the Cult of Hera Akraia », *Medea. Essays on Medea in Myth, Literature, Philosophy, and Art*, James J. Clauss et Sarah Iles Johnston (dir.), Princeton : Princeton University Press, 1997, p. 44-70.

JOLLES, André. *Formes simples*, Paris : Seuil, 1972.

JONES, Jennifer. *Medea's Daughters. Forming and Performing the Woman Who Kills*, Columbus : Ohio State University Press, 2003.

JURNEY, Florence Ramond. « Entretien avec Marie-Célie Agnant », *The French Review*, vol. 79, n° 2, décembre 2005, p. 384-394.

KHORDOC, Catherine. « L'aspect transculturel de l'œuvre de Monique Bosco », *1985-2005. Vingt années d'écriture migrante au Québec. Les voies d'une herméneutique, Eidôlon*, n° 80, 2007, p. 19-29.

* KLINGER, Friedrich Maximilian. *Medea in Korinth und Medea auf dem Kaukasos*, St. Petersburg und Leipzig, 1791.

KOUA, Véronique. *Médée figure contemporaine de l'interculturalité*, Limoges et Côte d'Ivoire, thèse de doctorat, 2006.

KRISTEVA, Julia. « Une poétique ruinée », *La poétique de Dostoïevski*, Mikhaël Bakhtine, Isabelle Kolitcheff (trad.), Paris : Seuil, 1970, p. 5-27.

—. *Polylogue*, Paris : Seuil, 1977.

—. *Séméiotikè*, Paris : Seuil, 1969.

—. « Stabat Mater », *Histoires d'amour*, Paris : Seuil, 1984, p. 225-247.

Lagoutte, Jean. « Le mythe du théâtre dans la pratique contemporaine (Résumé) », *Mythes, images, représentations*, Jean-Marie Grassin (dir.), Actes du XIVᵉ congrès de la Société française de littérature générale et comparée, Limoges, 1977, Paris : Didier érudition, 1981, p. 438.

Le Bris, Michel et Jean Rouaud. *Pour une littérature-monde*, Paris : Gallimard, 2007.

LeDœuff, Michèle. « Dualité et polysémie du texte utopique », *Le discours utopique*, Colloque de Cérisy 1975, Maurice de Gandillac et Catherine Peron (dir.), Paris : Union Générale d'Éditions, 1978, p. 326-334.

Ledoux-Beaugrand, Evelyne et Catherine Mavrikakis. « L'œuvre du fantasme infanticide et matricide dans l'évolution d'une prise de parole au féminin », *Contemporary French and Francophone Studies*, vol. 13, nº 1, janvier 2009, p. 91-99.

Lefkowitz, Mary R. *Women in Greek Myth*, Baltimore : The Johns Hopkins University Press, 1986.

Léonard-Roques, Véronique. Avant-propos, *Figures mythiques. Fabrique et métamorphoses*, Véronique Léonard-Roques (dir.), Clermont-Ferrand : Presses universitaires Blaise Pascal, 2008, p. 9-21.

—. « Mythe de Jason et de Médée au XXᵉ siècle : filiations et métissages », *Métissages littéraires*, Actes du XXXIIᵉ congrès de la Société française de littérature générale et comparée, Saint-Étienne, 8-10 septembre 2004, p. 451-458.

* Lessing, Gotthold Ephraim. *Miss Sara Sampson*, 1755, Frankfurt am Main : Suhrkamp, 2005.

Lévi-Strauss, Claude. *L'origine des manières de table*, Paris : Plon, 1968.

—. *La pensée sauvage*, Paris : Plon, 1962.

Levy (dir.), « Naissance du concept de Barbare », *Ktema*, nº 9, 1984, p. 7-9.

Lipkin, Joan. « The Girl Who Lost Her Voice », *Mythic Women/Real Women. Plays and Performance Pieces by Women*, Lizbeth Goodman (dir.), Londres : Faber, 2000, p. 69-78.

* Lloyd, Phyllida. *Medea*, Theatre Exchange, Manchester, 1991, inédit.

Lorde, Audre. *The Black Unicorn*, New York : W.W. Norton, 1978.

Maalouf, Amin. *Les identités meurtrières*, Paris : Grasset, 1998.

MacDougall, Jill. « *Tafisula ou la Mamy Wata* : une création du Mwondo Théâtre (Lubumbashi, Zaïre) », *L'annuaire théâtral*, nº 31, 2002, p. 93-115.

Madi, Malika. *Les silences de Médéa*, Bruxelles : Éditions Labor, 2003.

Maingueneau, Dominique. *Nouvelles tendances en analyse du discours*, Paris : Hachette, 1988.

MALLINGER, Léon. *Médée. Étude de littérature comparée*, 1897, Genève : Stlatkine, 1971.

MAMFOUMBY, Pierre Ndemby. « Petroleum de Bessora : expérience du portrait peint et stratégies énonciatives », *Éthiopiques. Revue négro-africaine de littérature et de philosophie*, n° 78, 2007, 10 juin 2008, Web.

MARRERO, María Teresa. « Manifestations of Desires: A Critical Introduction », *Out of the Fringe. Contemporary Latina/Latino Theatre and Performance*, Caridad Svich et María Terea Marrero (dir.), New York : Theatre Communications Group, 2000, p. xvii-xxx.

MAVRIKAKIS, Catherine. « Duras Aruspice », *Sublime, forcément sublime Christine V,* Marguerite Duras, Montréal : Héliotrope, 2006, p. 11-40.

* —. *Le ciel de Bay City,* Montréal : Héliotrope, 2008.

McCLINTOCK, Anne. « The Angel of Progress: Pitfalls of the Term "Post-Colonialism" », *Colonial Discourse and Post-Colonial Theory. A Reader*, Patrick William et Laura Christman (dir.), New York : Columbia University Press, 1994, p. 291-304.

McDONALD, Marianne. *Ancient Sun. Modern Light. Greek Drama on the Modern Stage*, New York : Columbia University Press, 1992.

—. « Medea as Politician and Diva. Riding the Dragon into the Future », *Medea. Essays on Medea in Myth, Literature, Philosophy, and Art*, James Joseph Clauss et Sarah Iles Johnston (dir.), Princeton : Princeton University Press, 1997, p. 297-313.

McNULTY, Charles. « Marina Carr: Unmotherly Feelings », *American Theatre*, vol. 18, n° 8, octobre 2001, p. 106-108.

MERCHANT, Caroline. *The Death of Nature: Women, Ecology, and the Scientific Revolution*, San Francisco : Harper and Row, 1981.

MERCHIERS, Dorle. « *Medea-Stimmen* (Christa Wolf) : une œuvre polyphonique », *Cahiers d'études germaniques*, vol. 38, n° 1, 2000, p. 97-109.

* MILLAN, Lorri et Shawna DEMPSEY. *Mary Medusa. A Testimonial,* Montréal : Artexte, 1992.

MILLET, Kate. *Sexual Politics*, Boston : New England Free Press, 1968.

MIMOSO-RUIZ, Duarte. « Médée », *Dictionnaire des mythes littéraires*, Pierre Brunel (dir.), Monaco : Éditions du Rocher, 1988, p. 978-988.

—. *Médée, antique et moderne. Aspects rituels et socio-politiques d'un mythe*, Paris : Orphrys, 1982.

MOKEDDEM, Malika. *Je dois tout à ton oubli*, Paris : Grasset, 2008.

* MONGA, Lolita. *Le pays resté loin. Notre librairie*, n° 162, juin-août 2006, p. 132-135, 13 juin 2007, Web.

Moraga, Cherríe. « Queer Aztlán: The Re-formation of Chicano Tribe », *Latino Thought. Culture, Poltics, and Society*, Francisco Hernández Vásquez et Rodolfo D. Torres (dir.), Lanham : Rowman & Littlefield, 2003, p. 258-273.

—. « Looking for the Insatiable Woman », *Loving in the War Years*, 1983, Cambridge : South End, 2000, p. 142-150.

—. « The Writer Speaks », *Out of the Fringe: Contemporary Latina/Latino Theatre and Performance*, Caridad Svich et María Terea Marrero (dir.), New York : Theatre Communications Group, 2000, p. 290-291.

* Moreau, Gustave. *Jason et Médée*, 1865, huile sur toile, Musée d'Orsay, Paris.

Moreaux, Alain. « Médée la noire ? », *Médée. Dossier de l'Association régionale des enseignants de langues anciennes de Montpellier*, n° 6, novembre 1984, p. 7-18.

—. *Le mythe de Jason et de Médée, le va-nu-pieds et la sorcière*, Paris : Les Belles Lettres, 1994.

Morris, Rosalind. Introduction, *Can the Subaltern Speak? Reflections on the History of an Idea*, Rosalind C. Morris (dir.), New York : Columbia University Press, p. 1-18.

* Morris, William. *The Life and Death of Jason*, Londres : Longmans, 1915.

* Morrison, Toni. *Beloved*, 1987, New York : Plume, 1988.

Moscovici, Claudia. *Double Dialectics. Between Universalism and Relativism in Enlightenment and Postmodern Thought*, New York : Rowman, 2002.

Moura, Jean-Marc. *Littératures francophones et théorie postcoloniale*, 1999, Paris : Quadrige/Presses universitaires de France, 2007.

—. « Sur quelques apports et apories de la théorie postcoloniale pour le domaine francophone », *Littératures postcoloniales et francophonie*, Jean Bessière et Jean-Marc Moura (dir.), Conférences du séminaire de littérature comparée de l'Université de la Sorbonne Nouvelle, Paris : Honoré Champion, 2001, p. 149-167.

* Müller, Heiner. *Medea verkommenes Ufer; Medea/Medeamaterial; Landschaft : mit Argonauten*, Schleswig-Holst Landestheater, 2001.

« Mythe », *Le Nouveau Petit Robert*, 1994, Édition imprimée.

Naudillon, Françoise. « Le continent noir des corps : représentation du corps féminin chez Marie-Célie Agnant et Gisèle Pineau », *Études françaises*, vol. 41, n° 2, 2005, p. 73-85.

* NDiaye, Marie. *La femme changée en bûche*, Paris : Minuit, 1989.

—. *Rosie Carpe*, Paris : Minuit, 2001.

Neumann, Erich. *The Great Mother. An Analysis of the Archetype*, Ralph Manheim (trad.), Princeton : Princeton University Press, 1963, Bollingen, n° 47.

Nussbaum, Martha C. « Serpents in the Soul: A Reading of Seneca's *Medea* », *Medea. Essays on Medea in Myth, Literature, Philosophy, and Art*, James J. Clauss et Sarah Iles Johnston (dir.), Princeton : Princeton University Press, 1997, p. 219-249.

Oliva Ignacio, Juan. « (De)colonizing Colonized Identities: The Chicana Case », *Revisita Canaria de Estudios Ingleses*, n° 45, 2002, p. 185-204.

* Ovide. *Les fastes*, Robert Schilling (dir.), Paris : Belles Lettres, 1992.

* —. *Héroïdes*, Henri Bornecque (dir.), Paris : Belles Lettres, 1989.

* —. *Les métamorphoses, Livre VII*, Georges Lafaye *et al.* (dir.), Paris : Belles Lettres, 2002.

Page, Denys L. Introduction, *Euripide's Medea*, Oxford : Clarendon, 1967, p. vii-lxviii.

Pascal, Julia. *The Holocaust Trilogy. The Dybbuk, A Dead Woman on Holiday, Theresa*, Londres : Oberon, 2000.

* Pasolini, Pier Paolo, scénario et mise en scène. Rôle principal : Maria Callas, *Medea*, San Marco Films, 1969, Cinéma.

Pina, Michael. « The Archaic, Historical and Mythicized Dimensions of Aztlán », *Aztlán. Essays on the Chicano Homeland*, 1989, Rudolfo Anaya et Francisco Lomeli (dir.), Albuquerque : Academia/El Norte Publications, 1991, p. 14-48.

* Pindare. *Pythiques III, IV, V, IX*, Jacqueline Duchemin (dir.), Paris : Presses universitaires de France, 1967.

* Pizan, Christine de. *Le livre de la cité des dames*, Éric Hicks et Thèrèse Moreau (trad.), Paris : Stock, 1986.

Plath, Sylvia. *The Collected Poems*, Ted Hugues (dir.), New York : Harper-Perennial, 1992.

* Plath, Sylvia. « Edge », *Ariel*, New York : Harper & Row, 1965, p. 84.

Platon-Halle, Véronique. « L'inconscient du mythe », *Psychologie clinique*, n° 15, juillet 2003, p. 153-168.

PMLA, « Ethics and Literature Study », n° 114, janvier 1999.

* Porquerol, Élisabeth. *Jason suivi de Argos*, Paris : A. Michel, 1945.

Pralon, D. « Médée », *La mauvaise mère*, Centre d'études féminines de l'Université de Provence, 1981-1982, p. 57-77.

Programme, *La maman bohême, suivi de Médée. Deux pièces de Dario Fo et Franca Rame*, mise en scène : Didier Bezace, rôle principal : Ariane Ascaride, 18-20 mars 2008, représentation.

PURKISS, Diana. « Women's Rewriting of Myth », *The Feminist Companion to Mythology*, Carolyne Larrington (dir.), Londres : Pandora, 1992, p. 441-457.

RADSTONE, Susannah. « Remembering Medea: The Uses of Nostalgia », *Critical Quarterly*, vol. 35, n° 3, 1993, p. 54-63.

RAMBAUX, Claude. « Le mythe de Médée d'Euripide à Anouilh ou l'originalité psychologique de la Médée de Sénèque », *Latomus*, vol. 31, n° 2, 1972, p. 1010-1036.

RECKFORD, Kenneth J. « Medea's First Exit », *TAPA*, n° 99, 1968, p. 329-359.

* RHODES, Apollonius De. *Les argonautiques*, tome II, chant III, Paris : Belles lettres, 1980.

RICH, Adrienne. « Diving into the Wreck », *Diving into the Wreck. Poems 1971-1972*, New York : W.W. Norton, 1973, p. 22-24.

—. « Violence: The Heart of Maternal Darkness », *Of Woman Born. Motherhood as Experience and Institution*, New York : W.W. Norton, 1976, p. 256-286.

—. « When We Dead Awaken: Writing as Re-Vision », *On Lies, Secrets, and Silence : Selected Prose 1966-1978*, New York : W.W. Norton and Company, 1979, p. 33-49.

RICŒUR, Paul. *La métaphore vive*, Paris : Seuil, 1975.

—. « Myth as the Bearer of Possible Worlds », *A Ricœur Reader. Reflection and Imagination*, Mario Valdés (dir.), Toronto : University of Toronto Press, 1991, p. 482-490.

—. *Soi-même comme un autre*, Paris : Seuil, 1990.

* RINGOLD, Francine. *The Games People Play*, Wichita, 1975, inédit, théâtre.

RITU, Birla. « Postcolonial Studies: Now That's History », *Can the Subaltern Speak? Reflections on the History of an Idea*, Rosalind C. Morris (dir.), New York : Columbia University Press, 2010, p. 87-99.

ROCH, Anne Donadey. « Répétition, maternité et transgression dans trois œuvres de Marie Cardinal », *The French Review*, vol. 65, n° 4, 1992, p. 567-577.

ROMILLY, Jacqueline de. *La tragédie grecque*, 1970, Paris : Presses universitaires de France, 1973.

ROUGEMONT, Denis. *Les mythes de l'amour*, Paris : Gallimard, 1961.

* ROUQUETTE, Max. *Médée*, Montpellier : Espace, n° 34, 1992.

SAID, Edward. « Reflections on Exile », *Out There. Marginalisation and Contemporary Cultures*, Russel Ferguson *et al.* (dir.), Cambridge : MIT, 1990, p. 357-366.

SAINT-MARTIN, Lori. « "Les deux femmes, la petite et la grande" : Love and Murder in the Mother-Daughter Relationship », *Women by Women. The Treatment of Female Characters by Women Writers of Fiction in Quebec since 1980*, Roseanna Lewis Dufault (dir.), Madison : Fairleigh Dickinson University Press, 1997, p. 195-220.

—. « Le métaféminisme et la nouvelle prose féminine au Québec », *L'autre lecture : la critique au féminin et les textes québécois*, tome II, Montréal : XYZ, 1994, p. 161-170.

SCOTT, Jill. *Electra after Freud. Myth and Culture*, Ithaca : Cornell University Press, 2005.

SCRIBNER, Charity. « August 1961: Christa Wolf and the Politics of Disavowal », *German Life and Letters*, vol. 55, n° 1, janvier 2002, p. 61-74.

SELAO, Ching. « Les mots/maux de l'exil/ex-île. Les romans de Marie-Célie Agnant », *Canadian Literature/Littérature canadienne*, n° 204, printemps 2010, p. 11-25.

SELLIER, Philippe. « Récits mythiques et productions littéraires », *Mythes, images, Représentations*, Jean-Marie Grassin (dir.), Actes du XIVᵉ congrès de la Société française de littérature générale et comparée, Limoges, 1977, Paris : Didier érudition, 1981, p. 61-70.

* SÉNÈQUE. *Médée*, Charles Guittard (dir.), Paris : Belles Lettres, 1997.

SHENGOLD, Léonard et Shelley Orgel. « Médée et ses dons fatals », *Bulletin de psychologie*, n° 31, 1978, p. 707-712.

SHIP, Susan Judith. « Au-delà de la solidarité féminine », *Politique*, n° 19, 1991, p. 5-36.

SIERMERLING, Winfried. « Ethics as Re/Cognition in the Novels of Marie-Célie Agnant: Oral Knowledge, Cognitive Change, and Social Justice », *University of Toronto Quarterly*, vol. 76, n° 3, été 2007, p. 838-860.

SIROIS, Antoine. *Mythes et symboles dans la littérature québécoise*, Montréal : Triptyque, 1992.

SKODA, F. « Histoire du mot barbaros jusqu'au début de l'ère chrétienne », *Actes du colloque franco-polonais d'histoire. Les relations économiques et culturelles entre l'Occident et l'Orient*, Nice-Antibes, 6-9 novembre 1980, Antibes : Laboratoire d'histoire quantitative ; Musée d'archéologie et d'histoire d'Antibes, 1983, p. 111-126.

SLOCHOWER, Harry. *Mythopoesis. Mythic Patterns in the Literary Classics*, Detroit : Wayne State University Press, 1970.

SMARTT, Dorothea. « Medusa? Medusa Black! », *Mythic Women/Real Women. Plays and Performance Pieces by Women*, Lizbeth Goodman (dir.) Londres : Faber, 2000, p. 259-262.

SMITH, Ali. « Trace of Arc », *Mythic Women/Real Women. Plays and Performance Pieces by Women,* Lizbeth Goodman (dir.), Londres : Faber, 2000, p. 149-195.

SNAUWAERT, Maïté et Anne CAUMARTIN. « Présentation : éthique, littérature, expérience », *Études françaises,* vol. 46, n° 1, 2010, p. 5-14.

SOPHOCLE. *Antigone,* Leconte de Lisle (trad.), *Antiquité grecque et latine,* 25 juillet 2011, Web.

* SORIANO, Elena. *Medea 55,* Madrid : Calleja, 1955.

SPIVAK, Gayatri Chakravorty. 1983, « Can the Subaltern Speak? », *Can the Subaltern Speak? Reflections on the History of an Idea,* Rosalind C. (dir.), Morris, New York : Columbia University Press, 2010, p. 21-79.

STEPHAN, Inge. « The Bad Mothers: Medea-Myths and National Discourse in Texts from Elisabeth Langgässer and Christa Wolf », *Writing Against Boundaries. Nationality, Ethnicity and Gender in the German-Speaking Context,* Barbara Kosta et Helga Kraft (dir.), Amsterdam, New York : Rodopi, 2003, p. 131-165.

STERN, Edward S. « The Medea Complex: The Mother's Homicidal Wishes to Her Child », *Journal of Mental Science,* n° 94, 1948, p. 321-331.

STIMPSON, Catharine. « Do These Deaths Surpass Understanding? », *Triquarterly,* n° 124, 2006, p. 45-62.

STORM, William. *After Dionysus. A Theory of the Tragic,* Ithaca : Cornell University Press, 1998.

TAYLOR, Charles. *Les sources du moi. La formation de l'identité moderne,* 1989, Charlotte Melançon (trad.), Montréal : Boréal, 2003.

* THEODORAKIS, Mikis. *Medea,* mise en scène : Luis Iturri, direction d'orchestre : Lukas Karitinos, rôle principal : Katerina Ikonomou, Teatro Arriaga, Bilbao, 1991, représentation.

* TRIER, Lars von. *Medea,* Danish Broadcaster, 1988, Cinéma.

TRIGO, Benigno. *Remembering Maternal Bodies. Melancholy in Latina and Latin American Women's Writing,* New York : Palgrave Macmillan, 2006.

ULITSKAYA, Ludmila. *Medea I Ei Deti,* Moscou : Vagrius, 1998.

UPDIKE, John. *Rabbit Run,* New York : Fawcett Cres, 1960.

* VALLE, Daniela. *Médée,* 1970, pièce de théâtre inédite.

VAUTIER, Marie. « Les métarécits, le postmodernisme et le mythe postcolonial au Québec : un point de vue de la "marge" », *Études littéraires,* vol. 27, n° 1, été 1994, p. 43-61.

* VENABLES, Clare. *Medea,* Monstrous Regiment Theatre, 1991, inédit.

VERNANT, Jean-Pierre. *Mythe et tragédie en Grèce ancienne,* 1972, Paris : F. Maspero, 1986.

* Virgile. *La huitième bucolique*, Andrée Richter (dir.), Paris : Belles Lettres, 1970.

Volet, Jean-Marie. « Petroleum : un roman de Bessora », compte rendu, *Femmes écrivaines et les littératures africaines*, 22 juin 2009, Web.

Walker, Barbara. *The Woman's Encyclopedia of Myths and Secrets*, New York : Harper and Row, 1985.

Wallace, Clare. « "A Crossroads between Worlds": Marina Carr and the Use of Tragedy », *Litteraria Pragensia*, vol. 10, n° 20, 2000, p. 76-89.

Warner, Marina. *Managing Monsters. Six Myths of Our Time*, New York : Vintage, 1994, The Reith Lectures.

Warner-Vieyra, Myriam. *Juletane*, Dakar : Présence africaine, 1982.

Watkins, Susan. « An Allegory from Atlantis », *New Left Review*, n° 231, 1998, p. 132-145.

Wertenbaker, Timberlake. *The Love of the Nightingale*, Woodstock : Dramatic Publishing Co., 1989.

Williams, Raymond. *Modern Tragedy*, Londres : Chatto & Windus, 1966.

Wilmer, Steve. « Women in Greek Tragedy Today: A Reappraisal », *Theatre Research International*, vol. 32, n° 2, 2007, p. 106-118.

Wittels, Fritz. *Psychoanalysis Today*, Londres : Lorand, 1933.

Wittig, Monique. *La pensée straight*, Paris : Balland, 2001.

Wolf, Christa. *Kindheitsmuster : Roman*, Darmstadt : Luchterhand, 1994.

Wood, Sharon. « Women and Theater in Italy: Natalia Ginzburg, Franca Rame, and Dacia Maraini », *Romance Languages Annual*, n° 5, 1993, p. 343-348.

Yourcenar, Marguerite. *Feux*, Paris : Gallimard, 1974.